Jean Giono

Refus
d'obéissance

Gallimard

Ce texte est extrait d'*Écrits pacifistes*
(Folio n° 5674).

Jean Giono est né le 30 mars 1895 à Manosque dans les Alpes-de-Haute-Provence. Après la guerre où il combat au Chemin des Dames, il retrouve son emploi dans une banque, jusqu'au succès de son premier roman, *Colline*, l'histoire de la vengeance de la terre contre les hommes qui l'exploitent sans discernement. En 1931, il évoque la guerre pour la première fois dans *Le grand troupeau* où il oppose l'horreur du front à la paix des campagnes provençales. Après *Le chant du monde* en 1934 – un de ses plus beaux livres dans lequel des intrigues amoureuses et violentes se nouent autour d'un homme puissant et farouche, dégoûté de la vie depuis la mort du seul être qu'il aimait –, Giono ressent le besoin de renouveler son univers romanesque et écrit *Deux cavaliers de l'orage*, un roman de liberté et de démesure où l'image du sang est omniprésente. Pacifiste convaincu à la veille de la guerre, Giono est néanmoins inscrit en 1944 sur la liste noire du Comité national des écrivains. Dans son *Journal* de l'époque, il se montre rétif à tout engagement, indifférent à la calomnie. Il puise dans cette épreuve une nouvelle vigueur et compose le cycle du « Hussard », l'histoire d'Angelo Pardi, un jeune Piémontais contraint d'émigrer en France. Le cycle commence avec *Angelo*, continue avec *Le hussard sur le toit*, où le choléra, figure de la guerre, frappe et se propage dans tout le midi, puis avec *Le bonheur fou* qui se déroule pendant la révolution italienne de 1848, et s'achève avec *Mort d'un personnage*. Les chefs-d'œuvre se succèdent : *Un roi sans divertissement, Les âmes fortes* ou *Le moulin de Pologne*. Dans les dernières années, malade, il écrit *Le Déserteur* en s'inspirant d'un personnage mystérieux dont il fait un véritable héros de roman : un Français qui, un siècle auparavant, s'était réfugié dans les montagnes du Valais. Son dernier roman, *L'iris de Suse*, retrace la vie de Tringlot, voleur, pillard de maisons et complice d'assassins, qui se réfugie dans les montagnes pour échapper à ces derniers. Là, contre toute attente, il s'éprend d'une baronne et sa vie va s'en trouver transformée.

Auteur de vingt-quatre romans achevés, de nombreux recueils de nouvelles, de poèmes, d'essais, d'articles et de scénarios, Giono, en marge de tous les mouvements littéraires du XXᵉ siècle, a su allier une extrême facilité d'invention aux exigences d'une écriture toujours en quête de renouvellement. Cet extraordinaire conteur est mort en 1970.

À mon ami Louis David

On trouvera plus loin cet article contre la guerre publié en novembre 1934 à la revue Europe, *plus quatre chapitres inédits du* Grand Troupeau. *Bien souvent des amis m'ont demandé de publier ces textes réunis. Je n'en voyais pas l'utilité. Maintenant j'en vois une : je veux donner à ces pages la valeur d'un refus d'obéissance.*

Autour de nous, trop d'anciens pacifistes ont obéi, obéissent, suivent peu à peu les grands remous, tout claquants d'étendards et de fumées, marchent dans les chemins qui conduisent aux armées et aux batailles. Je refuse de les suivre ; même si mes amis politiques s'inquiètent dans cet acte d'un individua-lisme suspect.

Je trouve que personne ne respecte plus l'homme. De tous les côtés on ne parle plus que de dicter, d'obliger, de forcer, de faire servir. On dit encore cette vieille dégoûtante baliverne : la génération pré-sente doit se sacrifier pour la génération future. On le dit même de notre côté, ce qui est grave. Si encore nous savions que c'est vrai ! Mais, par expérience, nous savons que ça n'est jamais vrai. La génération future a toujours des goûts, des besoins, des désirs, des buts imprévisibles pour la génération présente. On se moque des diseurs de bonne aventure. Il faut sinon se moquer, en tout cas se méfier des bâtisseurs d'avenir. Surtout quand pour bâtir l'avenir des hommes à naître, ils ont besoin de faire mourir les hommes vivants. L'homme n'est la matière première que de sa propre vie.

Je refuse d'obéir.

JEAN GIONO

Je ne peux pas oublier

Je ne peux pas oublier la guerre. Je le voudrais. Je passe des fois deux jours ou trois sans y penser et brusquement, je la revois, je la sens, je l'entends, je la subis encore. Et j'ai peur. Ce soir est la fin d'un beau jour de juillet. La plaine sous moi est devenue toute rousse. On va couper les blés. L'air, le ciel, la terre sont immobiles et calmes. Vingt ans ont passé. Et depuis vingt ans, malgré la vie, les douleurs et les bonheurs, je ne me suis pas lavé de la guerre. L'horreur de ces quatre ans est toujours en moi. Je porte la marque. Tous les survivants portent la marque.

J'ai été soldat de deuxième classe dans l'infanterie pendant quatre ans, dans des régiments de montagnards. Avec M. V., qui était mon capitaine, nous sommes à peu près les seuls survivants de la première 6ᵉ compagnie. Nous avons fait les Éparges, Verdun-Vaux, Noyon-Saint-Quentin, le Chemin des Dames, l'attaque de Pinon, Chevrillon, Le Kemmel. La 6ᵉ compagnie a été remplie cent fois et cent fois d'hommes. La 6ᵉ compagnie était un petit récipient de la 27ᵉ division comme un boisseau à blé. Quand le boisseau était vide d'hommes, enfin, quand il n'en restait plus que quelques-uns au fond, comme des grains collés dans les rainures, on le remplissait de nouveau avec des hommes frais. On a ainsi rempli la 6e compagnie cent fois et cent fois. Et cent fois on est allé la vider sous la meule. Nous sommes de tout ça les derniers vivants, V. et moi. J'aimerais qu'il lise ces lignes. Il doit faire comme moi le soir : essayer d'oublier. Il doit s'asseoir au bord de sa terrasse, et lui, il doit regarder le fleuve vert et gras qui coule en se balançant dans des bosquets de peupliers. Mais, tous les deux ou trois jours, il doit subir comme moi, comme tous. Et nous subirons jusqu'à la fin.

Je n'ai pas honte de moi. En 1913 j'ai refusé d'entrer dans la société de préparation militaire qui groupait tous mes camarades. En 1915 je suis parti sans croire à la patrie. J'ai eu tort. Non pas de ne pas croire : de partir. Ce que je dis n'engage que moi. Pour les actions dangereuses, je ne donne d'ordre qu'à moi seul. Donc, je suis parti, je n'ai jamais été blessé, sauf les paupières brûlées par les gaz. (En 1920 on m'a donné puis retiré une pension de quinze francs tous les trois mois, avec ce motif : « Léger déchet esthétique. ») Je n'ai jamais été décoré, sauf par les Anglais et pour un acte qui est exactement le contraire d'un acte de guerre. Donc, aucune action d'éclat. Je suis sûr de n'avoir tué personne. J'ai fait toutes les attaques sans fusil, ou bien avec un fusil inutilisable. (Tous les survivants de la guerre savent combien il était facile avec un peu de terre et d'urine de rendre un Lebel pareil à un bâton.) Je n'ai pas honte, mais, à bien considérer ce que je faisais, c'était une lâcheté. J'avais l'air d'accepter. Je n'avais pas le courage de dire : « Je ne pars pas à l'attaque. » Je n'ai pas eu le courage de déserter. Je n'ai qu'une seule excuse : c'est que j'étais jeune. Je ne suis pas un lâche. J'ai été trompé par ma jeunesse et j'ai été également trompé par ceux qui savaient que j'étais jeune. Ils étaient très exactement renseignés. Ils savaient que j'avais vingt ans. C'était inscrit sur leurs registres. C'étaient des hommes, eux, vieillis, connaissant la vie et les roublardises, et sachant parfaitement bien ce qu'il faut dire aux jeunes hommes de vingt ans pour leur faire accepter la saignée. Il y avait là des professeurs, tous les professeurs que j'avais eus depuis la classe de 6ᵉ, des magistrats de la République, des ministres, le président qui signa les affiches, enfin tous ceux qui avaient un intérêt quelconque à se servir du sang des enfants de vingt ans. Il y avait aussi – je les oubliais mais ils sont très importants – les écrivains qui exaltaient l'héroïsme, l'égoïsme, la fierté, la dureté, l'honneur, le sport, l'orgueil. Des écrivains qui n'étaient pas tous vieux de corps, mais des jeunes aussi qui étaient devenus vieux par l'ambition et qui trahissaient la jeunesse par désir d'académie. Ou tout simplement qui trahissaient la jeunesse parce qu'ils avaient des âmes de traîtres et qu'ils ne pouvaient que trahir. Ceux-là ont retardé mon humanité. Je leur en veux surtout parce qu'ils ont empêché que cette humanité soit en moi au moment précis où elle m'aurait permis d'accomplir des actes utiles. Enfin, ce qui est fait est fait et ce qui est à faire reste à faire. Le temps est pour tout, même ce soir pour regarder cette immense plaine qui s'en va toute d'une traite, depuis le pied de ma terrasse jusqu'au fleuve. L'été de tout le jour s'est appesanti sur les blés. La chaleur sent la farine. Vingt ans. Depuis vingt ans j'ai vu se succéder ces moissons et les vendanges de la terre, la feuillaison des arbres, les moissons et les vendanges, les feuillaisons de mon corps. Vingt ans, et je n'ai pas pu oublier !

Il n'y a pas un seul moment de ma vie où je n'ai pensé à lutter contre la guerre depuis 1919. J'aurais dû lutter contre elle pendant le temps où elle me tenait, mais à ce moment-là, j'étais un jeune homme affolé par les poètes de l'état bourgeois. Mon cœur qui avait été maçonné et construit par mon père, le cordonnier à l'âme simple et pure, mon cœur n'acceptait pas la guerre, et je marchais avec un fusil fermé dans le bled de l'attaque. Je le regrette maintenant. Ce fusil, il aurait été bon de le garder fin prêt et astiqué et la culasse coulant bien, et les cartouches bien graissées, le garder avec moi, et comme on m'avait dit, m'en servir contre mes ennemis. Le cœur maçonné par mon père m'aurait fait connaître ces ennemis.

Ce qui me dégoûte dans la guerre, c'est son imbécillité. J'aime la vie. Je n'aime même que la vie. C'est beaucoup, mais je comprends qu'on la sacrifie à une cause juste et belle. J'ai soigné des maladies contagieuses et mortelles sans jamais ménager mon don total. À la guerre j'ai peur, j'ai toujours peur, je tremble, je fais dans ma culotte. Parce que c'est bête, parce que c'est inutile. Inutile pour moi. Inutile pour le camarade qui est avec moi sur la ligne de tirailleurs. Inutile pour le camarade en face. Inutile pour le camarade qui est à côté du camarade en face dans la ligne de tirailleurs qui s'avance vers moi. Inutile pour le fantassin, pour le cavalier, pour l'artilleur, pour l'aviateur, pour le soldat, le sergent, le lieutenant, le capitaine, le commandant. Attention, j'allais dire : le colonel ! Oui peut-être le colonel, mais arrêtons-nous. Inutile pour tous ceux qui sont sous la meule, pour la farine humaine. Utile pour qui alors ?

Depuis 1919 j'ai lutté patiemment, pied à pied, avec tout le monde, avec mes amis, avec mes ennemis, avec des amis de classe mais faibles, avec des ennemis de classe mais forts. Et à ce moment-là je n'étais pas libre, j'étais employé de banque. C'est tout dire. On a essayé de me faire perdre ma place. Déjà à ce moment-là on disait : « c'est un communiste », c'est-à-dire on a le droit de le priver de son gagne-pain et de le tuer, lui et tout ce qu'il supporte sur ses épaules : sa mère, sa femme, sa fille. Je n'étais pas communiste. Je ne le suis pas maintenant.

J'ai refusé de faire partie des sociétés d'anciens combattants car elles étaient, à cette époque, créées seulement pour des buts mutualistes et non pour affirmer cette qualité d'ancien combattant, et de jamais plus nouveau combattant. On a fondé l'A.R.A.C. Mais j'étais dans un pays perdu. Je ne connaissais pas l'action de ceux qui pensaient comme moi. Alors, j'ai mené la lutte seul. Dans ma famille. C'est souvent par là qu'il faut commencer et c'est le plus difficile. D'habitude c'est par là qu'on est vaincu. Je n'ai pas gagné, mais je suis resté entier. Parmi mes amis, deux ou trois m'ont suivi et me suivent encore. Puis j'ai commencé à écrire et tout de suite j'ai écrit pour la vie, j'ai écrit la vie, j'ai voulu saouler tout le monde de vie. J'aurais voulu pouvoir faire bouillonner la vie comme un torrent et la faire se ruer sur tous ces hommes secs et désespérés, les frapper avec des vagues de vie froides et vertes, leur faire monter le sang à fleur de peau, les assommer de fraîcheur, de santé et de joie, les déraciner de l'assise de leurs pieds à souliers et les emporter dans le torrent. Celui qui est emporté dans les ruissellements éperdus de la vie ne peut plus comprendre la guerre, ni l'injustice sociale. C'est l'injustice sociale qui m'a fait me désespérer sur un chemin de vanité pendant quatre ans de plus.

Quand je parlais contre la guerre, j'avais rapidement raison. Les horreurs toutes fraîches me revenaient aux lèvres. Je faisais sentir l'odeur des morts. Je faisais voir les ventres crevés. Je remplissais la chambre où je parlais de fantômes boueux aux yeux mangés par les oiseaux. Je faisais surgir des amis pourris, les miens et ceux des hommes qui m'écoutaient. Les blessés gémissaient contre nos genoux. Quand je disais : « jamais plus », ils me répondaient tous : « non, non, jamais plus ». Mais, le lendemain, nous reprenions notre place dans le régiment civil bourgeois. Nous recommencions à créer du capital pour le capitaliste. Nous étions les ustensiles de la société capitaliste. Au bout de deux ou trois jours, l'indignation était tombée. D'abord le travail avait fourni assez de dureté, de souci et de mal, de choses mauvaises immédiates pour que les malheurs passés soient effacés et les amis morts oubliés. Et surtout parce que le rythme du travail avait été depuis longtemps étudié pour nous endormir. Ce rythme qui était passé de nos grands-pères dans nos pères, de nos pères dans nous. Cet esprit d'esclavage qui se transmettait de génération en génération, ces mères perpétuellement enceintes d'enfants conçus après le travail n'avaient mis au monde que des hommes portant déjà la marque de l'obéissance morale. La société, disaient-ils, n'est pas si mal faite que ça. Tu dis que nous nous sommes battus non pas pour la patrie comme on voulait nous le faire croire (et ça nous le savons, là nous ne marchons pas) mais pour des mines, pour du phosphate, pour du pétrole, je suis mineur. — Eh bien quoi, tu es mineur ? — Si la mine ferme, qu'est-ce que je bouffe ? Il y avait de petits paysans, propriétaires de trois hectares qui se croyaient visés quand je parlais des gros propriétaires terriens. Il y eut même un épicier qui défendit le pétrole, parce qu'il en vendait et qu'il en avait une provision de cinq barils dans son arrière-boutique. L'attachement instinctif au régime bourgeois les empêchait d'être logiques avec eux-mêmes. Ils avaient peur de la guerre comme moi. Ils étaient capables d'un énorme courage, sans histoire et sans gloire, ils pouvaient secourir des typhiques, des diphtériques, se jeter à l'eau pour sauver des enfants, entrer dans le feu, tuer des chiens enragés, arrêter des chevaux emballés et marcher pendant des kilomètres sous la nuit des grands plateaux au milieu de ces orages de fin de monde où la foudre jaillit de terre pour aller chercher un chien enragé. Ils avaient eu peur à la guerre, comme moi. Ils sentaient bien, par là même, au fond de leur chair, par cette partie de leur chair dans laquelle se gonflait l'ancienne histoire de l'homme que la peur qu'ils avaient de la guerre venait de son inhumanité. Mais, par ce côté de leur chair qui s'était collé à leurs mères pendant qu'ils étaient encore dans le ventre, ils avaient hérité de l'habitude de l'esclavage. Cette habitude leur avait permis, bien sûr, comme à moi, d'entrer à la mine comme mineurs, d'être paysans à la ferme que leurs parents avaient affermée, de s'établir épiciers dans la grand-rue. Mais, maintenant qu'il s'agissait de sortir du gouffre tournoyant de la bourgeoisie, leur hérédité bourgeoise les empêchait d'ouvrir les bras dans le geste ample du nageur.

Une chose aurait dû nous éclairer, je dis nous, car moi aussi j'étais éperdu d'ardeur et d'indécision. Dès qu'on entre en lutte contre la guerre, on entre en lutte contre le gouvernement. Je me disais : « Tu refuseras de serrer la main aux officiers de carrière. Tu défendras ta porte aux officiers, même si un jour l'un d'eux entre dans ta famille ou si tu te trouvais être l'ami d'un officier qui aurait surpris ton amitié », mais on me disait : « Ça n'est pas leur faute. » Et, tout en pensant qu'ils auraient pu choisir un autre métier, j'étais obligé de reconnaître que ça n'était pas leur faute. Je me disais : « Tu barreras dans l'*Histoire de France* de ta fille tout ce qui est exaltation à la guerre. » Mais il aurait fallu tout barrer et comme j'avais malgré tout essayé, l'institutrice vint chez moi et me dit : « Que voulez-vous, monsieur Giono, comment pouvons-nous faire ? » Quand je revoyais mes amis, ils me répondaient : « Pétrole, pommes de terre, charbon, place, sous, salaires. Il y aura toujours des guerres, qu'est-ce que tu veux, c'est comme ça. » Ils en arrivaient même à me dire : « C'est dans la nature de l'homme » (ceux qui répondaient ça, c'étaient les malins, ceux qui lisaient des livres). Et chaque fois que je sortais sur les chemins de la terre, je rencontrais des petits enfants aux cheveux follets qui jouaient avec des herbes ct je savais que tout ça n'était que viande bouchère et il n'y avait donc plus qu'à pleurer.

Celui qui est contre la guerre est par ce seul fait dans l'illégalité. L'état capitaliste considère la vie humaine comme la matière véritablement première de la production du capital. Il conserve cette matière tant qu'il est utile pour lui de la conserver. Il l'entretient car elle est une matière et elle a besoin d'entretien, et aussi pour la rendre plus malléable il accepte qu'elle vive. Il a des maternités où l'on accouche les femmes avec autant de soins qu'on peut. Il a des écoles où les inspecteurs primaires viennent caresser les joues des enfants. Il a des stades où l'on fait faire du sport à vingt-deux hommes et où l'on donne le spectacle à quarante mille. Spectacle déjà de bataille, de lutte, de camps. Il a des casernes.

L'enfant au bord du chemin et qui joue avec des herbes ne peut être considéré dans sa beauté et dans son humaine liberté que par deux ou trois fous de mon genre. Si je pense qu'il a les yeux bleus et qu'il portera toute sa vie la gloire d'avoir les yeux bleus, et qu'il s'en ira, blondasse vagabond du monde, à la recherche de l'espoir, du désespoir et de l'amour ; si moi je pense qu'il va peut-être nourrir dans sa tête les rythmes, les formes, et les musiques qui porteront l'humanité un peu plus avant dans l'immense prairie des étoiles ; si je pense que, sans doute, il ne sera qu'un homme parmi les hommes, un écouteur et non pas celui qui souffle dans le bugle, un de l'auditoire et non pas celui qui est debout dans le cercle, je me dis, moi : quoi qu'il fasse, il vit. J'admire cette vie. L'état capitaliste s'en sert. La guerre n'est pas une catastrophe, c'est un moyen de gouvernement. L'état capitaliste ne connaît pas les hommes qui cherchent ce que nous appelons le bonheur, les hommes dont le propre est d'être ce qu'ils sont, les hommes en chair et en os ; il ne connaît qu'une matière première pour produire du capital. Pour produire du capital il a, à certains moments, besoin de la guerre, comme un menuisier a besoin d'un rabot, il se sert de la guerre. L'enfant, les yeux bleus, la mère, le père, la joie, le bonheur, l'amour, la paix, l'ombre des arbres, la fraîcheur du vent, la course sautelante des eaux, il ne connaît pas. Il ne reconnaît pas dans son état, dans ses lois, le droit de jouir des beautés du monde en liberté. Économiquement, il ne peut pas le reconnaître. Il n'a de lois que pour le sang et pour l'or. Dans l'état capitaliste, ceux qui jouissent ne jouissent que de sang et d'or. Ce qu'il fait dire par ses lois, ses professeurs, ses poètes accrédités, c'est qu'il y a le devoir de se sacrifier. Il faut que moi, toi et les autres, nous nous sacrifiions. À qui ? L'état capitaliste nous cache gentiment le chemin de l'abattoir : vous vous sacrifiez à la patrie (on n'ose déjà plus guère le dire) mais enfin, à votre prochain, à vos enfants, aux générations futures. Et ainsi de suite, de génération en génération. Qui donc mange les fruits de ce sacrifice à la fin ?

Nous savons donc maintenant très nettement de quoi il s'agit. L'état capitaliste a besoin de la guerre. C'est un de ses outils. On ne peut tuer la guerre sans tuer l'état capitaliste. Je parle objectivement. Voilà un être organisé qui fonctionne. Il s'appelle état capitaliste comme il s'appellerait chien, chat ou chenille bifide. Il est là, étalé sur ma table, ventre ouvert. Je vois fonctionner son organisme. Dans cet être organisé, si j'enlève la guerre, je le désorganise si violemment que je le rends impropre à la vie, à sa vie, comme si j'enlevais le cœur au chien, comme si je sectionnais le 27e centre moteur de la chenille, cette perle toute mouvante d'arcs-en-ciel et indispensable à sa vie. Reste à savoir ce que je préfère : vivre moi-même, permettre que les enfants soient des enfants et jouir du monde, ou assurer, par mon sacrifice, la continuité de la vie de l'état capitaliste ? Continuons à être objectifs. À quoi sert mon sacrifice ? À rien ! (J'entends ! Ne criez pas si fort dans l'ombre. Ne montrez pas vos gueules épouvantables de massacrés de l'usine. Ne parlez pas, vous qui me dites que votre atelier a fermé et qu'il n'y a pas de pain à la maison. Ne hurlez pas contre les grilles du château où l'on danse. J'entends !) Mon sacrifice ne sert à rien qu'à faire vivre l'état capitaliste. Cet état capitaliste mérite-t-il mon sacrifice ? Est-il doux, patient, aimable, humain, honnête ? Est-il à la recherche du bonheur pour tous ? Est-il emporté par son mouvement sidéral vers la bonté et la beauté et ne porte-t-il la guerre en lui que comme la terre emporte son foyer central ? Je ne pose pas les questions pour y répondre moi-même. Je les pose pour que chacun y réponde en soi-même.

Je préfère vivre. Je préfère vivre et tuer la guerre, et tuer l'état capitaliste. Je préfère m'occuper de mon propre bonheur. Je ne veux pas me sacrifier. Je n'ai besoin du sacrifice de personne. Je refuse de me sacrifier pour qui que ce soit. Je ne veux me sacrifier qu'à mon bonheur et au bonheur des autres. Je refuse les conseils des gouvernants de l'état capitaliste, des professeurs de l'état capitaliste, des poètes, des philosophes de l'état capitaliste. Ne vous dérangez pas. Je sais où c'est. Mon père et ma mère m'ont fait des bras, des jambes et une tête. C'est pour m'en servir. Et je vais m'en servir cette fois.

On ne peut plus se promener sur le champ de bataille avec son fusil pareil à un bâton. Le dédain, l'acceptation du martyre, la non-résistance, rien de tout ça ne peut être maintenant efficace. Croyez-vous que l'état capitaliste va s'arracher le cœur de bon gré ? La guerre est le cœur de l'état capitaliste. La guerre irrigue de sang frais toutes les industries de l'état capitaliste. La guerre fait monter aux joues de l'état capitaliste les belles couleurs et le duvet de pêche. Vous croyez que, de son bon gré, l'état capitaliste va s'arracher le cœur parce que vous êtes touchant, bel imbécile, marchant dans la ligne de tirailleurs avec votre fusil pareil à un bâton ?

Il n'y a qu'un seul remède : notre force. Il n'y a qu'un seul moyen de l'utiliser : la révolte.

Puisqu'on n'a pas entendu notre voix.

Puisqu'on ne nous a jamais répondu quand nous avons gémi.

Puisqu'on s'est détourné de nous quand nous avons montré les plaies de nos mains, de nos pieds et de nos fronts.

Puisque, sans pitié, on apporte de nouveau la couronne d'épines et que déjà, voilà préparés les clous et le marteau.

La terre fait paisiblement du pain. La brume de l'été est sortie des champs de blé et elle bouche tous les horizons. Dans ce lent mouvement qu'elle a pour s'élargir sur tout le pays et pour monter dans le ciel, elle découvre la palpitation de petites poussières brillantes : ce sont les balles légères des grains prématurément mûris et qui se sont envolés. Le lourd soir d'été apporte ses ombres.

Je te reconnais, Devedeux, qui as été tué à côté de moi devant la batterie de l'hôpital en attaquant le fort de Vaux. Ne t'inquiète pas, je te vois. Ton front est là-bas sur cette colline posé sur le feuillage des yeuses, ta bouche est dans ce vallon. Ton œil qui ne bouge plus se remplit de poussière dans les sables du torrent. Ton corps crevé, tes mains entortillées dans tes entrailles, est quelque part là-bas sous l'ombre, comme sous la capote que nous avons jetée sur toi parce que tu étais trop terrible à voir et que nous étions obligés de rester près de toi car la mitrailleuse égalisait le trou d'obus au ras des crêtes.

Je te reconnais, Marroi, qui as été tué à côté de moi devant la batterie de l'hôpital en attaquant le fort de Vaux. Je te vois comme si tu étais encore vivant, mais ta moustache blonde est maintenant ce champ de blé qu'on appelle le champ de Philippe.

Je te reconnais, Jolivet, qui as été tué à côté de moi devant la batterie de l'hôpital en attaquant le fort de Vaux. Je ne te vois pas car ton visage a été d'un seul coup raboté, et j'avais des copeaux de ta chair sur mes mains, mais j'entends, de ta bouche inhumaine, ce gémissement qui se gonfle et puis se tait.

Je te reconnais, Veerkamp, qui as été tué à côté de moi devant la batterie de l'hôpital en attaquant le fort de Vaux. Tu es tombé d'un seul coup sur le ventre. J'étais couché derrière toi. La fumée te cachait. Je voyais ton dos comme une montagne.

Je vous reconnais tous, et je vous revois, et je vous entends. Vous êtes là dans la brume qui s'avance. Vous êtes dans ma terre. Vous avez pris possession du vaste monde. Vous m'entourez. Vous me parlez. Vous êtes le monde et vous êtes moi. Je ne peux pas oublier que vous avez été des hommes vivants et que vous êtes morts, qu'on vous a tués au grand moment où vous cherchiez votre bonheur, et qu'on vous a tués pour rien, qu'on vous a engagés par force et par mensonge dans des actions où votre intérêt n'était pas. Vous dont j'ai connu l'amitié, le rire et la joie, je ne peux pas oublier que les dirigeants de la guerre ne vous considéraient que comme du matériel. Vous dont j'ai vu le sang, vous dont j'ai vu la pourriture, vous qui êtes devenus de la terre, vous qui êtes devenus des billets de banque dans la poche des capitalistes, je ne peux pas oublier la période de votre transformation où l'on vous a hachés pour changer votre chair sereine en or et sang dont le régime avait besoin.

Et vous avez gagné. Car vos visages sont dans toutes les brumes, vos voix dans toutes les saisons, vos gémissements dans toutes les nuits, vos corps gonflent la terre comme le corps des monstres gonfle la mer. Je ne peux pas oublier. Je ne peux pas pardonner. Votre présence farouche nous défend la pitié. Même pour nos amis, s'ils oublient.

Montée à Verdun

(Chapitre inédit du « GRAND TROUPEAU »)

— Petit, viens ici, c'est à couvert. Hausse ton
sac ; il y a un cran dans le mur ; ça repose.

Marroi a tiré doucement l'épaule d'Olivier. Ils
sont sous un auvent dans une encoignure de porte.

Il est peut-être minuit ou une heure. Il pleut. Ça
a mouillé le dessus des épaules, ça ruisselle sur le
casque. Ils sont là depuis la fin du jour, alignés
dans cette rue du village. De partout, il a coulé
des hommes dans cette rue. Il en est descendu des
coteaux où sont les cantonnements de la quatre ; il
en est venu d'à travers les prés des fermes où était
la huit. Ceux-là ne se sont pas arrêtés au village.
Ils passaient en rang dans la boue juste à l'entrée
de la nuit ; depuis on les entend là-haut hors des
murs, dans des champs. Le cheval du capitaine
danse de la croupe contre la lanterne. Il pousse
son gros derrière vers la lumière qui l'effraye et sa
queue fait gicler la pluie. Ça se remplit, ça grouille
dans la nuit, ça déborde dans les petites rues, dans
les chemins de terre, partout. Les maisons sont
toutes perdues dans les hommes. Il en est sorti
de partout ; tout est vide maintenant. Il ne reste

plus que la carcasse des murs et quand on tape du pied dans une porte d'étable, elle sonne creux comme un gros tambour.

— Qu'est-ce qu'on attend ? demande Olivier.

— Tête-de-chien.

— Qui ?

— Le colon.

Dans le reflet de la lanterne passent les dix clairons. Le cuivre du clairon luit.

Sur la nouvelle piste une escouade de la six patauge dans la source et gueule au milieu de rondins arrachés.

De l'autre côté des maisons, dans une autre rue qui rejoint la route là-haut, on entend marcher une longue et lourde troupe dans la boue. Puis les voitures qui sonnent la ferraille.

Là devant, passe une cuisine comme une grosse braise et la pluie grésille dessus sa tôle chaude.

— Par quatre, allez, par quatre.

Olivier arrache son sac. Tout de suite la pluie lui étouffe le souffle comme d'un paquet d'herbes d'eau. À bout de bras il touche le sac de Marroi ; il suit.

— Par quatre...

On a emporté la lanterne. Un gros homme qui saute à contretemps dans le trot lourd d'un cheval passe. Son fourreau de sabre s'accroche dans les fusils.

— Qu'est-ce que c'est ? Qui commande ici ? Quelle compagnie ? Rangez-vous.

On l'entend qui tape sur les sacs avec une cravache.

La main gauche d'Olivier rencontre une musette

en toile goudronnée. C'est Doche. À droite, où la glissade de boue l'a poussé, il a rencontré « La Poule » ; devant, c'est Marroi.

On marche, puis on s'arrête. On marche.

— Doche, t'as l'heure ?

— Oui, mais dans ma veste.

— Ça revient dans les mauvais côtés, fait Marroi.

— Ça peut encore tourner, face d'oie, dit « La Poule » qui en tient toujours pour l'Alsace.

— On peut encore allumer cabot, demande Vernet, là derrière.

— Peau de nouille... répond simplement Doche.

Vernet tape son briquet et ça sent l'amadou roussi.

On vient de dépasser les maisons. Et tout de suite le village s'est fondu dans la nuit et la pluie. Il n'y en a jamais eu. On a cru se reposer à la paille ; on a toujours marché et toujours marché dans la pluie. Ça va. On s'est arrêté encore une fois ou deux à piétiner.

— Allez, là devant.

— Faites passer : « Attention aux rondins. »

Tiens, on monte par la nouvelle piste. C'était bien la peine de faire descendre les autres tout à l'heure. Où c'est qu'on va, alors, de ce côté ? Ça ne serait pas alors... Ça serait plutôt... non enfin, de ce côté on n'est pas d'aplomb en face la canonnade ; on serait plutôt un peu sur la droite.

Non, le village, bien sûr, c'est tout fondu, effacé rasibus. Et ça monte dur, là, et ça glisse, et, ça y est, l'eau dans le cou... C'est froid contre la peau du dos. En remontant le sac d'un bon coup... la couverture tombe dans le casque et le pousse sur les yeux. Merde… d'encore un peu mon fusil…

— Tiens ton flingue chez toi, dit « La Poule ».

Là. C'est plus solide le pas dans l'herbe. Il semble qu'on vous a enlevé cent kilos. Ça va. Non, le village… Ça ne semble guère possible que tout fonde comme ça, dans le monde.

Olivier pense d'un seul coup, en éclair, au soleil, au plateau, aux arbres d'amandes avec les fleurs. Bien en éclair justement car il en a eu la tête toute jaune en dedans, à croire que c'étaient des lumières là devant. Non, il n'y a dans la nuit, dans la pluie, que cette énorme bête de troupeau qui patauge dans la boue, qui se tord là devant, qui se tortille là derrière à piétiner jusqu'à qui sait où ?… Il ne sait même plus qu'il vient de penser aux fleurs d'amandier.

En haut du coteau il y a un peu de terre plate qu'on sent plus aisée au pied, puis on entre dans un bois. Toute la troupe piétine dans le terreau des feuilles molles et cogne dans les arbres. Puis on a enfin une route dure ; il n'y a pas de boue, ou presque pas, seulement de l'eau. On patauge. On est sur la crête. La marche s'allonge un peu. Il y en a d'autres encore là-haut dans le bois. Il y en a encore peut-être dans le village, de l'autre côté du mamelon ; on ne sait pas. Ça a l'air d'en être plein dans la nuit, de ces hommes qui marchent.

On a fait la pause juste au moment où la route descendait vers un val creusé dans la nuit. En bas, un charroi de convoi. Toujours ce convoi. Ce fleuve de charrettes, d'autos, de fourgons. Ça marche à l'aveuglette au fond de la nuit.

C'est bien « La Poule » qui est là sur le rang avec Olivier, puis un autre qu'on ne sait pas. En faisant le faisceau, Olivier a su. C'est Poiron.

— Ça va, Poiron ?

— Oui, répondit l'autre d'une voix étranglée. Sa main tremble. Olivier est obligé de lui saisir la main et de la tenir pour unir son fusil à celui de Poiron.

— Ça va, vieux ?

— Oui, ça va. C'est dur la pluie. C'est dur à pousser de la cuisse, là devant. Ça ira, je me suis pris en main.

Il ne pense pas seulement à retenir son sac par la courroie. Il le laisse aller en pleine boue de tout son poids.

Marroi rouspète.

— Tu trouves ça intelligent, toi, cabot ? On va nous fourrer dans les pattes de ces mécaniques en bas. Ah ! c'est rigolo de faire le bord de la route sans compter ce que tu reçois de bouillasse à travers la gueule avec ces enfoirés de canonniers.

L'autre grogne.

— Oh ! tu sais pas, fait Marroi, moi c'est pas pour moi que je dis ça. Moi je vais poirer un coup de cheval dans le ventre, c'est ce que je cherche, je te l'ai dit, je te le dis autorité, j'en ai marre de ces bissness là-haut. Sûr que je vas faire tout ce qu'il faut pour le poirer ce coup de pied de vache ou un coup de capot dans les flancs. Et puis après, mon vieux, à droite en ligne, mon Marroi il ira se faire curer les ongles des pieds, oui, nez d'âne.

— Joue à l'andouille, joue à l'andouille, fait Doche, tu vas gagner.

On est reparti sur la pente.

La grande bête qui frotte son ventre en bas dans les arbres souffle une odeur d'essence brûlée et de pétarade de cheval. Ça fait : hue ! ou ça tape des sabots, ou bien ça hurle d'un coup de trompe.

— Tu comprends, dit Marroi, là devant dans son rang, mais c'est pour Doche. Tu comprends, cabot… tu m'écoutes… c'est pas pour toi que je dis ça. Qu'est-ce que tu es, toi, un pauvre ballot, comme moi. Mais on avait la route toute ouverte, là-bas au village. On pouvait pas prendre celle-là toute vide, toute ouverte. Non : ce qu'il leur faut c'est pas encore autant de nous faire marcher, c'est de nous en faire baver ! C'est de nous avoir jusqu'à la raclure du nez.

— T'as pas fini de nous casser les paquets, dis, grande gueule, fait une voix par là-bas derrière.

On est descendu jusqu'à frôler le convoi, jusqu'à l'avoir tout bouillant, tout tranchant comme un couteau, là devant. Mais on l'a esquivé d'un tournant qu'on ne s'en est même pas aperçu. Il est resté d'un côté, nous de l'autre ; on est entré dans un bois ; le bruit de charroi s'est adouci. Dans ce bois il y a un feu, là-bas au fond et ça sent le café. Ça sent aussi le fumier de cheval, mais ça, c'est partout que ça sent le fumier de cheval. On y est fait quand on est de la terre et ça fait penser. Mais ce fumier-là c'est du crottin aigre de bête malade. Un cheval tousse sous les arbres.

— S'il y avait un moyen de choper la morve, dit Marroi.

D'avoir quitté le sac sur la route, là-haut, on a les mains pleines de boue et on en a mis à la courroie du fusil. Il y a de la boue à la crosse aussi. On a l'air d'en avoir partout : sur la capote, sous les ongles… On ne fera donc jamais la pause.

La pluie a cessé ; on sue une épaisse sueur qui fume autour du col, et puis après, le col mouillé serre le cou et on a froid d'un frisson ; on sent l'épine de son dos qui marque dans la peau.

Olivier hausse un peu l'épaule pour bien amarrer son fusil, puis il défait sa cravate. Il la met dans une cartouchière. Il faut tirer son mouchoir. C'est toute une histoire sous les pans de capote. Il s'est un peu arrêté pour tendre la cuisse et trouver l'entrée de la poche. Celui qui est derrière lui est venu taper dans son sac.

— Tu vas marcher, oui, nouille à la voile ?

Là, ce mouchoir sec autour du cou, c'est mieux. Bien que d'être resté comme ça sans cravate il en a la peau toute grenue de froid. En bougeant son cou il sent sa peau collée dans de la chose de nez. Ça se sèche, ça se réchauffe. C'est mieux, ça. Il y a bien encore les épaules de chemise qui sont mouillées, mais ce mouchoir chaud autour du cou, c'est bon.

Brusquement, on a eu encore ce grand convoi là devant. Celui-là ou bien un autre. On ne sait pas. On ne sait plus. Toute la nuit a l'air de rouler son ventre dans du gravier, comme un fleuve. On a côtoyé le charroi, peut-être à cent mètres avec des fois où on s'approchait, et d'autres fois on s'en éloignait, mais juste un peu. Et puis, on a encore esquivé la bête, la bête aveugle, on a profité qu'elle s'énervait en replis dans un val qui en était tout sonnant et on s'est mis à monter le coteau, doucement, doucettement avec des genoux comme serrés dans des cercles de glace et finalement on a encore fait la pause sur le sommet, à l'abri. À l'abri, mais pas à l'abri du petit souffle de l'aube. On se bat les bras en lanières autour du corps.

— Vivement la crève, dit Marroi.

Olivier pense à Brinda qui doit tousser là-bas dans les hommes. Et Camous, qui sait si ?... Et Poiron ?...

— Poiron ? Poiron ?

— Oui, fait sourdement une voix à ras du sol.

Olivier se penche. Poiron est couché là dans la boue. Olivier le tâte de la main.

— Vieux, vieux !

Poiron est allongé tout mou. Sa tête est dans la boue.

— Vieux. Alors, ça va plus ? Ça va plus, vieux ? Je le dis à Doche, dis, vieux ? Tu veux un coup de gnole ?

— Si, ça va, ça va, fait Poiron. Ça va, là, ne dis rien, ça va passer. Donne la gnole.

Il boit il se recouche. Il halète à grands coups comme une bête de fourrés.

— Relève ta tête de la boue, vieux !

— Laisse. Là, je suis bien.

C'est vite fini, la pause.

Un coup de sifflet et Olivier donne la main à Poiron. Il relève comme ça une longue chose légère. Mais il lui faut tout de suite l'abandonner, là, chancelante, dans la nuit pour courir aux faisceaux, à son sac...

Ce sont maintenant des ondulations de coteaux que l'on suit par les crêtes sur un petit chemin de terre mou, collant, puant comme du fromage fait. On ahanne après chaque jambe. La troupe s'allonge, s'étire comme un ver, puis se ramasse, puis s'étire, et comme ça jusqu'à cette route dure qu'on a trouvée tout d'un coup sous les pieds. Une route qui s'est trouvée là comme ça dans la nuit, avec ses arbres qu'on entend et sa cuirasse de pierre.

Et doucement, tout doucement, une musique monotone ; comme si les taillis s'étaient mis à battre une cadence sur un tambour de feuilles, un rythme lie les pas aux pas. Ils sont là plus de vingt qui, d'instinct, marchent du même pas parce que cette cadence aide, parce qu'ainsi on n'est plus seul, on est tous les vingt à porter son poids et sa peine et, à vingt, c'est plus léger. Et la cadence ondule de loin en loin sous les pieds de la troupe comme un gros rat qui courrait ici ou là sous les pieds, entre les pieds, pour les délier de cette fatigue qui les entrave comme des liens d'herbe. Ça bat dans la nuit sur des kilomètres, cette cadence. Ça bat tout le long de la route, dans les détours, dans les montées, les pentes de cette route. Ça bat là-bas au croisement du chemin de terre et, dès que les hommes mettent le pied sur la route, ils prennent le pas et la cadence, et tout d'un coup ils vont, allégés de leur peine et de leur fatigue.

Ils ont tous mis l'échine sous la fatigue et ils l'ont soulevée ensemble, et ils la portent ensemble : une, deux, une, deux, une, deux, comme un gros tronc d'arbre maintenant allégé et dont les branches ne s'embarrassent plus dans la terre.

Le jour vient vert et aigre, comme le suintement d'un mal. On traverse une grande voie de chemin de fer, nue, morte. La barrière du passage à niveau est arrachée. La maisonnette est vide et elle sonne comme un bidon de tôle quand on passe à côté. Une fenêtre est bouchée avec des sacs. On a crevé l'autre fenêtre à coups de pioche. Une traînée de paille traverse la voie et entre dans la maisonnette. Des haies au bord de la route sortent de la brume, puis c'est un frêne, puis les champs s'éploient. On voit un village là-bas, à gauche, avec une petite houppe de fumée qui flotte.

Olivier cherche Poiron. Il n'est pas là. Il n'est pas quelques rangs derrière. On ne le voit pas. Sa place est vide près de Doche. À la pause, Olivier est allé voir. Pas de Poiron.

On est reparti dans un val, et au bout on a trouvé la plaine. Entre des arbres nus, des bidons d'essence entassés en pyramide. Devant, un homme fume sa pipe.

Marroi ne parle pas. Il marche tête baissée, lèvres pendantes. Il vient de se mettre une chique sous la dent. Il rumine sa chique comme un cheval sur le mors.

« La Poule » fait aller ses grosses jambes. Son sac danse sur ses épaules. Il a tout jeté. Il n'a là-dedans qu'une chemise. Il a jeté ses biscuits. Il a jeté ses cartouches. La gourmette de sa gamelle chante sur le fer.

Un decauville à la cheminée en tromblon émerge d'une tranchée, il traîne une lourde queue de wagons pleins d'obus à ras d'un pré tout pomponné de pâquerettes.

Sur une route là-bas qui voyage pour son compte, des gros camions courent les uns après les autres à côté d'un long serpent de caisson qui défile doucement au pas de ses chevaux.

Ah, le voilà donc, ce convoi. Le voilà. Ou bien, n'est-ce pas plutôt cette troupe noire d'hommes, de chevaux et de fourgons qui sort, là-bas, au fond de la forêt, se traîne dans les champs et disparaît sous la pierre plate d'un village ?

Enfin, l'un ou l'autre, on le voit, ça n'est plus comme dans le tourbillon de cette nuit un serpent qui s'entrelaçait à notre route et battait de la queue contre notre flanc. C'est fait d'homme et de bête, et de roues et de souliers comme nous. Ça va comme nous. Ça va se déverser dans ce gros cuveau de ciel qui bouillait au fond de la nuit et qui maintenant gronde derrière les collines.

Olivier cherche toujours Poiron. Il lui a semblé un moment voir surgir d'entre les têtes, là-bas derrière, la bouche éperdue et les yeux fous du copain. Non, il se décide :

— Cabot.

— Oui.

— Poiron ?

— Qu'est-ce que c'est çui-là ?

— Le copain, là, qui était à côté de vous.

— Non.

Ils marchent. Doche n'a pas l'air de mettre trop d'importance à ce copain-là que la nuit a fait disparaître comme ça. Il s'est seulement un peu plus tiré à sa gauche. Il s'est mis un peu plus à l'aise dans la place vide, voilà tout.

— Cette nuit, là-haut, il s'est couché dans la

boue. Il n'est pas bien costaud, alors, il a été vidé d'un coup. Il était couché, oui, de son long, la bête même. J'y ai donné un peu de réconfort de gnole. J'y ai demandé : « Ça va ? » Il m'a dit : « Ça va. » C'est un type qu'a beaucoup de moral. Alors, je sais plus où il est.

— Comment tu dis qu'il s'appelle déjà ?

— Poiron.

— C'est un nouveau ? Il est arrivé avec toi ?

— Oui.

— Bon ? Alors, t'en fais pas. Il est marqué sur mon carnet.

Il tombe encore comme ça une centaine de gouttes de pluie d'un nuage qui s'était endormi et qui maintenant ne s'est pas levé assez vite ; le soleil l'a traversé d'une molle flèche grise. La petite pluie joue des claquettes sur un tas de douilles d'obus.

— Faites passer : à gauche, appuyez à gauche.

C'est un camion qui vient. Il traîne un gros canon. Le canon est là, la gueule bouchée d'une toile verte ; sur ses quatre roues épaisses il tressaute pesamment en faisant crier du fer. La route tremble. On marche dans le fossé. Le fossé courbe et mou comme un berceau, un lit…

— Cabot.

Olivier se force un peu pour dire « tu » à Doche. Il a comme qui dirait un instinct qui le pousse à se forcer, à dire « tu », être plus près de Doche pour ce qu'il veut lui dire.

« S'il s'est couché quelque part tout seul… du

mal peut-être... ça craquait tout ça... » Il touche
sa poitrine.

— ... tu pourrais pas dire...

— Laisse. Qu'est-ce que tu veux dire ? À qui tu
veux dire ?

On marche encore sur la route.

On a marché comme ça. Le jour s'est grossi
jusqu'à être sur tout et on a marché, et la cadence
du pas s'est brisée et on a retrouvé toute la
fatigue ; on s'est retrouvé seul avec la fatigue. On
a dit :

— Ce village, cette fois, c'est ce village...

On a traversé le village ; la longue troupe s'est
frottée contre les murs du village ; elle a freiné en
frottant contre les murs, mais là-bas, loin dans
les champs, la tête de la troupe tire et entraîne
tout. Voilà encore des champs, des champs, des
coteaux, des bois.

— Peut-être là-bas...

Une maison qui guette d'une fenêtre borgne
entre les arbres. Ce n'est pas un village. Ce n'est
qu'une grosse ferme. Il y a une forge au beau
milieu de la cour. Un artilleur, nu jusqu'à la ceinture, se bat à grands coups de marteau avec une
pièce de fer blanche de feu et qui éclabousse des
étincelles. À côté, un gros canon attend. Il est
couvert de boue sèche. Une motte de terre avec
encore une fleur de champ est restée coincée entre
deux rayons de sa roue.

On marche.

Une interminable ondulation de coteaux coule
doucement le long de la route. On a fait une
longue pause dans un champ gras. On s'est assis

sur les sacs. On s'est partagé du fromage et des sardines. « La Poule » est parti en clopinant avec son seau de toile. Il a trouvé moyen de changer le bouteillon qu'il devait porter contre un seau de toile. C'est plus léger. Il va à la distribution de vin. On mâche le mortier d'un camembert. Ça laisse du plâtre sur les lèvres et à la langue. On coupe la sardine sur son pain. Olivier se fouille. Il n'a plus pensé à son mouchoir autour du cou. Il se mouche avec ses doigts, il sèche ses doigts à son pantalon, puis mange une bouchée de pain et de sardine. Le vin est froid, mais ça allume tout le chaud des boyaux. Tous les ventres commencent à travailler dans la chaleur. On a un peu plus de force de caractère.

— C'est ça qui ferait bien l'affaire, dit Marroi, une roue de ce canon sur le pied.

Doche crache dans la boue :

— Tu vas gagner, tu vas voir…

Bientôt, sur cette route sans fin, ils ont retrouvé leur fatigue. Ils portent la leur, tout seuls, maintenant, chacun pour son compte et c'est lourd. On ne parle plus, on fait aller ses pieds. Olivier ne pense plus à Poiron. Il pense qu'il va jeter tout ce qu'il a dans son sac comme « La Poule ». Ça ne doit pas être trop loin, quand même, l'étable. On ne va pas les tuer, sur cette route. On ne va pas les massacrer là. Là-bas, loin dans les champs, la tête du troupeau marche, tâte la jointure des bois, s'enfonce ; le corps suit, glisse à la pente, le reste glisse. On va, on va.

— Ils sont là-bas. C'est là-bas, je vois Columeau, a dit Marroi, comme on approchait d'un village.

Non, ce n'est pas là, ce n'était pas Columeau, tout au plus un soldat qui lui ressemblait, et encore...

— Cache-toi, nez d'andouille, lui a crié Marroi en passant.

On a marché.

Au bout, ça a été l'étable enfin, tout d'un coup, là, dans des arbres. Des maisons, des granges, la paille.

Il n'y a plus de bruit déjà dans le village. Un cycliste solitaire passe à petits coups de pédale dans la rue. Il fait un détour de roue à chaque flaque, doucement. Sa roue siffle dans la boue.

Ils se sont déséquipés et ils dorment sous les capotes humides, sous les couvertures moites, vautrés dans la paille. Des gros souliers boueux sont là, vides, par terre. Ils dorment. Ils n'ont même pas fermé les portes et les étables soufflent dans la rue une épaisse odeur de sueur et de crasse chaude.

À l'aube : debout, et en rang. Les yeux sont comme des trous vides dans la tête. La tête est trouée de part en part à la place des yeux et on y a passé deux lanières de ciel comme on passe les cordes dans le crâne des chevreaux pour en suspendre les cadavres à l'étal.

Tous ces sombres paysages, tous ces pays de fatigue qu'on a mâchés et ruminés les jours d'avant, c'est resté amer dans la bouche, amer et vert, et boueux comme une sève d'arbre malade.

Et la fatigue, tout ce sang qui s'est aigri comme un bon vin laissé au soleil, la fatigue est là, toute en braise dans les jointures, au long des membres, sur la nuque, comme le mauvais poids d'une roche.

Encore la route, le long ruban de boue et l'on s'est décollé du village.

Comme on passe devant les dernières maisons, il y a deux voitures d'ambulance en bois dur et en roues ferrées. Un homme qui ressemble à Poiron est sous la bâche.

— Oh, crie Olivier en haussant la main.

L'homme a regardé sans répondre.

On a traversé un grand camp de convoi de ravitaillement. Toute cette lente eau des convois venait s'y lover en tourbillon, y dormait en bouillonnant lentement avec des bruits de harnais et de ferraille. Ça sent la peau de cheval et la terre pétrie.

Et maintenant aussi, des canons et des voitures sur la route. On se serre dans les fossés. On a de la boue sur les mains et sur la figure. Sous des arbres à flanc de coteau, tout un nid de voitures bâchées de blanc, agglutinées comme des œufs de chenilles.

C'était plein jour et « La Poule » a commencé à gémir à chaque pas, comme un soulier qui crie d'être neuf.

Et, comme ça, des plaintes là contre, pendant des pas, des pas, des pas.

— Doche, Doche.

On a marché, en attendant le coup de sifflet de la pause. Il l'attendait aussi et il fallait marcher.

Alors il a dit, et sa parole bavait juste sous son nez, tant il était vidé de force :

— Doche, en voilà marre maintenant. J'ai l'entrecuisse qui me saigne. C'est fini.

Il s'est jeté à pleins reins sur le talus. Il est resté là sans bouger, le fusil à la bretelle, sac au dos, tout harnaché, les jambes ouvertes. Le fond de son pantalon est noir de sang. Il n'ose plus bouger. Un sergent est venu comme pour le renifler. « La Poule » a levé les yeux, il a dit un mot ou deux et le sergent est reparti, le nez baissé le long de la troupe.

On a longé un grand parc de matériel ; ça allait jusqu'au bout de la plaine, bourré de fils de fer, de piquets, de tôles. Il y en avait, là, des vieux qui tressaient du fil de fer à épines avec des mains pleines de sang et de pansements.

Dans l'autre escouade, là devant, ça s'est éclairci. Déjà trois dans le talus et en voilà un qui tombe avec toute sa ferraille. On marche, il se relève. Il a tapé du nez. Il essuie la boue de son visage. Il a de la morve rouge dans ses moustaches. Ce soir, on a cantonné dans une grange adossée directement au grand bruit du canon. Tout le vaisseau de bois en sonne. L'air saute en remous, s'abat sur la bougie et l'éteint. Le salpêtre du mur bas se détache et tombe.

À l'aube : debout !

La route, la route ; toute la terre sue ses hommes. Une grande main presse la terre comme une éponge et de longs ruisseaux d'hommes coulent à travers les herbes et les arbres.

Vernet n'est plus là. Plus là non plus celui si grand qui dépassait les autres de toute la tête là devant. Doche, hier, a jeté ses biscuits de sac. Olivier a jeté ses biscuits, ses cartouches, son linge, une boîte de lait condensé. Rien dans la musette, rien dans le bidon. On a dit qu'il y aurait une grande halte. Et, s'il n'y en a pas, tant pis. Faut essayer d'arriver, de mordre au mors, et en avant ! Faut essayer à plat… sans ça… On va voir et, si on y reste, tant pis. Rien dans la musette, rien dans le bidon, juste un peu de tabac dans la cartouchière, là ; et dans la cartouchière, là, un peu de gruyère. En avant, tant pis ! Et malgré ça, au creux de la poitrine, la croix des courroies le blesse comme une pointe de couteau et, de temps en temps, le haut de la cuisse porte à faux en plein ventre comme si on se crevait sur un pieu.

On a longé un canal mort.

Il y avait aussi, là-bas de l'autre côté, une haie d'ormes. De cette haie sort en rampant un train de trois wagons. Une locomotive râblée, rusée de nez, qui prend le vent, ne siffle pas et va à petits coups de bielle. Un long col de canon émerge du deuxième wagon et, d'un coup, comme il est pointé en plein ciel, il crache. Le ciel dégringole en morceaux, le canal tremble. Le train s'échappe derrière les ormes à grand essoufflement de vapeur.

D'autres canons rageurs aboient derrière les collines. Ils ont le hurlé brusque de ceux qui vont se mettre à pleurer vers la lune. Plus loin, toute une meute de batteries s'enrage à déchirer du drap.

Le fleuve du bruit déborde d'un coup et coule à plein val. Le cœur est noyé, le ventre palpite ; on lève les narines pour respirer au-dessus de ça et c'est toujours de grandes goulées de bruit qu'on avale et qui sont là à se tordre et à se détordre dans les boyaux et à pourrir le fondement.

On marche.

Vers les midi, un village dans son fumier. Un coup de cymbale que les maisons se renvoient. On vient vers le village. Il y a déjà du purin qui coule sur la route en pente.

Des granges, puis une place, et la route tourne.

À ce coude de la route il y a un homme arrêté ; debout, un grand, un gros, avec un imperméable noir. Il regarde passer les hommes devant lui.

— Tête-de-chien, grogne Marroi. Tu le vois, le salaud ?

Un officier sort de la belle maison. Il a une chaise à la main. Il s'avance de l'homme à l'imperméable, salue en touchant le bord de son képi et parle. L'homme ne répond pas, prend la chaise, ouvre les pans de son manteau et s'assoit, lourd, carré, à plein dossier.

Il a son sabre entre ses jambes. Il s'appuie des deux mains sur la poignée de son sabre. Il regarde.

On passe.

Il a un regard méchant et tout éperdu, tout affolé, tremblant, comme battu par un vent qui lui souffle dans la tête, et cette chose dure qu'il veut mettre quand même dans son regard à grand effort lui fait trembler la bouche.

On s'est arrêté au versant d'un coteau. L'adjudant est venu.

— Y a pas Doche, le cabot ? Doche ! Ah ! tu es là ? Voilà : on reste là jusqu'au petit soir. On y entrera par compagnie. Défense de se déséquiper. Les sacs à terre, rien que les sacs…

Par la coupe du vallon on voit un fantôme de ville dans de la fumée.

L'air tremble.

Des coups de masse tombent dans la ville ; des pattes qui grattent en éparpillant les maisons, l'agonie comme d'un bœuf plus grand que le ciel et qui ne veut pas mourir, et que l'on s'acharne à assommer à grands coups de masse. Dans la fumée, des gravats jaillissent comme des vols de pigeons. Ça s'éclaircit un peu, on voit une espèce d'église, pattes raidies en l'air, gros ventre ballonné, morte.

— C'est ça, l'Alsace ? fait Marroi.

— Qu'est-ce que c'est ça ? demande Olivier.

— Ça quoi ?

— Cette ville ?

— Verdun, fait Doche.

— L'abattoir, dit Marroi.

Là autour des convois au galop, des automobiles à plein gaz sur des pistes de bois, et les madriers sautent derrière elles. Cinq ou six hommes courent vers un petit bois. Une troupe au pas cadencé bute contre un ordre gueulé, tape des talons, rentre son hérissement de fusil. L'encolure de taureau d'un canon court écarte un buisson pour beugler.

On vient, on l'essuie, on lui caresse l'échine ; il se gonfle encore, sort du buisson et beugle.

Des soldats, des paquets de soldats, debout, l'arme au pied, attendent d'être utilisés.

De temps en temps le gros canon sort sa tête

du buisson, regarde, beugle, puis il se cache et il attend.

L'adjudant est revenu vers Doche.

— Je te le disais : carrefour Mazel... Trois du premier bataillon et le lieutenant André en a dans la cuisse. On vient de l'apporter. Ils cherchent le pont. Ceux de la quatre ils ont passé par les jardins. Mais ça aussi c'est plein de fils de fer, on sait pas. On fera courir. Au trot carrefour... L'ordre est venu. On est parti. On est rien que la sixième compagnie. Le capitaine va son train là devant, tout doux, en vieux.

On voit la ville, l'ombre plutôt, parce qu'on trébuche dans des blocs de nuit.

Une pastèque de feu tombe là-bas, éclate sur des toits, éclabousse tout de son jus rouge.

Un obus écorche le ciel. Le cri de l'air. Le champ à gauche s'éveille comme une eau et jette une vague de terre.

Olivier s'arrête. Tous ses boyaux allaient sortir en paquets.

— Marche, dit celui de derrière.

Encore un obus, là-bas le champ, la vague de terre, comme le bruit d'un vol de pigeons : flou, flou là-haut, et ça atterrit dans le talus. Un éclat ? Un gros alors !

Le capitaine va son train, tout doux, en vieux. On peut pas le pousser, quoi ? Allez, c'est tout léger, on veut courir, le sac, le gros drap, le fusil, le mal, non, plus rien, on est nu, on veut courir. Les maisons, là-bas des caves, des caves sous la terre, profond. Le capitaine va son train tout doux. Là, à gauche, un gros mortier arc-bouté des quatre pattes brame en l'air, le cou tendu, brame, brame, à coup de gueule, puissant, brame à plein gosier ; la rage le jette en avant, le mufle plein de feu, puis il se ramasse et brame encore.

Voilà des soldats sans sac qui marchent vite. Une corvée.

Il y en a un qui a une canne. Ils nous dépassent.

— N'allez pas là-bas, leur crie Marroi ; à la blague.

Celui qui a la canne se détourne, nous regarde.

Là-bas, un pont sur une voie ferrée. On y voit encore un peu.

Les hommes qui viennent de passer s'engagent sur le pont. Un qui est resté en arrière court quelques pas pour rejoindre les autres. Un coup de masse, toute la route en miettes s'éparpille en l'air.

Marroi, Olivier, Doche, emmêlés, à plat ventre avec les gamelles et les fusils, couchés d'un bloc, d'instinct. Et déjà debout aussi. Des vols de pigeons en l'air.

— Par ici, crie le capitaine.

Il est debout dans le champ. Il leur fait signe du côté des jardins.

Là-bas sur le pont, un coup de vent emporte la fumée. Cinq ou six étendus et un qui saute sur place comme un lapin touché. Un homme seul court de toutes ses forces vers la ville sans regarder derrière lui.

Veille d'attaque devant Saint-Quentin

(Chapitre inédit du « GRAND TROUPEAU »)

Maimon tourne lentement la tête. Son casque grince dans la boue. C'est lui qui est allongé à plein corps à côté d'Olivier. En tournant la tête, il fait attention de ne pas décoller son casque de la terre. Il regarde Olivier. Il dit :

— Fais passer : au signal en l'air et au trot. Il y a des trous à trois cents mètres.

Olivier cligne de l'œil et commence à tourner doucement la tête pour faire passer l'ordre.

Là-dessus l'ordre est allé jusqu'au bout de cette ligne d'hommes couchés derrière la crête.

Olivier a déjà mis ses bras en patte de crapaud pour bondir.

Maimon est resté la figure tournée vers lui.

— Non, il dit, on attend la nuit.

Elle vient.

Cette terre a l'odeur des endroits bombardés. Cette odeur de poudre et de feu et au milieu ce louche sirop qui sucre le fond du nez et qui est l'odeur des hommes morts.

On a sifflé l'ordre juste au moment. Le capitaine sait ce qu'il fait. Il était là à renifler la nuit de droite et de gauche ; à la palper des yeux pour en connaître le dur ou le mou et il a siffloté l'ordre juste au moment voulu, au moment trouble de la nuit neuve. Il a compris ça à des choses imperceptibles qu'il a prises au plein de son nez.

Comme ça, on a passé la crête : il y a deux ou trois balles qui ont sifflé dans le feuillage de la pluie et on a tout de suite trouvé les trous.

Juste à temps.

Deux mitrailleuses ont aussitôt essayé de déchirer le bord de la nuit et les balles se sont mises à chanter en essaim là-haut, contre les chicots de la forêt.

Les trous sont pleins d'eau. On a de l'eau jusqu'à la moitié des cuisses comme des anneaux de fer froid que le froid serre de plus en plus en tours de vis.

La mitrailleuse éploie dans la nuit une grande main aux mille doigts. Elle cherche. Elle tâte la rondeur de la nuit, elle fouille la terre de ses ongles, elle déchire des morts, elle gratte là, au bord du trou où Olivier s'accroupit. L'eau monte dans lui, jusqu'à lui mouiller l'entrecuisse ; il n'avait plus que ça d'un peu chaud. Elle a crevé d'un coup d'ongle un homme qui crie là-bas au fond de la ligne.

Ce froid de l'entrecuisse, c'est monté dans Olivier par les reins et par la peau du ventre, ça serre le tas des boyaux dans un étau de froid. Le cœur bat contre quelque chose de glacé... Il retrouve ça, glacé, au bout de tous ses battements, comme s'il battait contre une pierre.

Olivier déroule sa couverture. Elle est mouillée tout le tour. Elle a juste un peu de sec vers le milieu. Il n'ose pas relever les bras. Il y a la mitrailleuse là-dessus. La couverture traîne dans l'eau. Il s'entortille les cuisses et les reins. Il reste un bon moment comme ça, accroupi, sans bouger. Il semble que ses boyaux se réchauffent. Il n'y a plus que, de temps en temps cette glace contre le cœur. Ce sang qui part du cœur est chaud comme un éclat au moment où il part. Un petit soleil qui s'allume et s'éteint là, dans sa poitrine. Il ne pense qu'à ce froid. Il ne pense guère à la mitrailleuse. Il n'y a qu'à rester baissé. Mais cette eau. Une chaleur morte amollit tout le milieu de son corps.

C'est la nuit.

Elle a luté le trou d'Olivier comme de la poix. Elle est pleine de la mort.

Il se sent seul.

La mitrailleuse frappe là-haut sur la crête le tronc éclaté d'un hêtre.

— Ho, fait Olivier au bord de son trou.

— Ho, répond l'autre à côté.

C'est encore Maimon.

— Je suis d'éponge, dit Maimon.

— Mets ta couverture. Tout mouillé que c'est, ça donne chaud.

— Peut-être une idée.

Il est là à deux mètres.

— Où c'est qu'on est ? demande Olivier.

— Devant la ferme.

Au bout d'un moment la voix de Maimon est venue.

— T'as raison, ça fait tiède.

Olivier essaye à l'autre bord de son trou.

— Ho là…

Rien. De ce côté, c'est vide.

Ils ont cherché la ferme à coups d'obus. C'est des gros. Mais ça tombe un peu partout, et quand on a entendu le coup de départ, on ne sait pas si c'est pour la droite ou pour la gauche. On se couche au hasard avec de l'eau jusqu'au menton et, tout d'un coup, là devant, la nuit ouvre la gueule. On voit le fond de sa gueule en flamme et elle ferme sa gueule en claquant des dents juste au bord du trou. Olivier essaye de faire entrer sa tête un peu plus profond dans ses épaules. Après le coup de départ il compte :

— Un, deux, trois, qua…

Ça a pris la terre par en dessous comme une main en crochet et ça a essayé de soulever les ongles, ou glissé, ça n'a fait qu'emporter une poignée de terre en l'air. La terre retombe. Une motte sonne sur le casque d'Olivier.

Un, deux, trois, quatre, cinq, six, puis, le coup de départ là-bas au fond.

Plus loin. On peut relever la tête.

Un deux, trois, qua…

Un pan de mur dans la flamme. Le mur et l'esquille d'une poutre qui sort. La forme noire d'un homme qui s'abat les bras en l'air.

Un, deux, trois…

Il est mort, ou il se couchait. Il ne crie pas.

Quatre, cinq, six…

Le coup de départ.

Un, deux…

Ça vient plus vite. En plein dans la ferme. C'est une autre batterie qui tire. Une odeur de platras fume dans l'odeur de la poudre. Une grosse pierre retombe dans un trou d'eau.

Il y a deux batteries maintenant qui tirent. Une, on peut toujours compter, une, deux, trois et puis l'obus arrive. Il va profond, il ébranle tout ; l'autre, on n'a pas le temps de compter, ça arrive et ça claque comme la mèche d'un fouet. Et celui-là d'obus, des fois on l'entend qui rebondit de dessus la terre et saute comme un gros chat. Un éclat chaud grésille dans la boue à côté d'Olivier. Olivier s'est mis à genoux dans l'eau. Il n'y a pas assez de cette eau. Le trou n'est guère profond. Un peu plus d'eau, il s'y mettrait tout entier dessous. Ça fait matelas pour les éclats. Et puis, quand on prend un bain, on a froid à la peau qui est dehors, pas à la peau qui est dedans. Il n'aurait pas froid.

Il y a trois batteries qui tirent maintenant : trois, peut-être quatre, mille, on ne sait pas. La nuit étripée saigne et hurle de tous côtés. Olivier enfonce ses ongles dans la terre ; il s'y cramponne comme à une planche qui saute sur la mer. Et, tout d'un coup, dans le bruit, il a eu besoin de crier en gueulant au ras de la boue. La boue entre dans sa bouche ; il la crache ; il crie.

L'aube. Olivier relève la tête. Tout autour du trou c'est la brume. On voit le rebord du trou de Maimon, puis Maimon qui sort. Il a la barbe pleine de boue. Il a essuyé la boue sur ses yeux.

— Tu sens ? demande Maimon.

Olivier renifle. Une odeur de bois pourri.

— Oui, ça sent le feu.

— Peut-être que c'est à la ferme. Tu viens ? dit Maimon.

Olivier grogne comme une bête. Le feu.

Il a plaqué ses mains dans la boue et il s'est tiré de son eau.

— Tu sais où c'est ?

— À peu près dans ces endroits-là, viens.

La terre est toute crevée. On voit le fond noir et la brume qui descend dans les trous.

— Hop, fait Maimon, et il se recule.

Il s'arrête, il regarde.

— Quoi ? demande Olivier.

C'est, contre un talus, un homme accroupi. Il baisse la tête. Il a les deux poings serrés. Il est tout penché d'un côté sur une grande blessure qui a creusé dans son flanc un trou gros comme une fouille de chien de chasse. L'homme a de petits cheveux gris et la pluie fait bouger ses cheveux comme de l'herbe.

Olivier se penche pour regarder le visage par en dessous.

— C'est le coureur, il dit.

On a allumé du feu dans cet abri des trois murs de la ferme.

— Et ça, dit Maimon.

Il fait un signe du menton vers une jambe toute seule, là, sur la terre. Elle a emporté avec elle un grand copeau de chair en feuille d'iris.

Autour du feu, ils sont cinq ou six : il y a Daniel, le caporal ; il y a Daguiseau de la première section. Il dit :

— Il est comme fou.

— Qui ?

— Le capitaine. Il est là, il semble qu'il mord l'air. Si tu le voyais. Il dit qu'on ne devrait pas... qu'on fait exprès, qu'on aurait dû passer la nuit derrière la crête. Il disait à l'adjudant, paraît qu'il y a une forêt par-là devant. Tu l'as entendue la mitrailleuse, hier soir ? Bon, tu l'entends plus maintenant. Bon, et puis tout ce qui est tombé cette nuit. Bon, eh bien, les bonshommes, ils nous font le coup comme l'autre jour devant Roye. Ils nous plaquent là sur place avec de l'obus, et puis, eux y s'en vont dessous la forêt, l'arme à la bretelle. Toi, t'es là à plat ventre à renifler tout ce qui te pète devant, et eux, y s'en vont en roulant des cigarettes. C'est ça qu'il a dit. Puis alors, eux autres, y nous attendront au grand détour, te fais pas de mauvais sang. Y seront frais, ils auront des sapes comme des églises et puis toi, tu arriveras là-dessus avec des pleines poignées de sommeil dans les yeux, un fusil qu'il faut y pisser dessus pour qu'il marche... C'est plus des choses humaines, ça. C'est ça qu'il disait.

— Oh, pour la mitrailleuse, dit le caporal, ne t'inquiète qu'ils ont dû en laisser de vaches trous un peu de tous les côtés et c'est bien ça qu'est le plus couillon. Dis-toi, tu te souviens de ce qu'ils nous ont joué dans le petit bois de Ham ?

— Dis, tu crois qu'il ne se voit pas notre feu ?

— La preuve.

Et le caporal étend la main vers ce côté d'où venaient les obus et les balles et qui est maintenant silencieux dans la brume.

— Ils ne sont plus là ?

— Ils font sauter Saint-Quentin.

— Que ça peut nous faire ? T'as pas froid toi ?

— Si tu ne le relèves pas plus que ça, ton pain, tu vas le mettre dans la boue au lieu de le rôtir.

— J'en peux plus de sommeil, ça se baisse seul.

— Ça fait combien qu'on n'a pas dormi ?

— Depuis Roye, ça fait cinq jours.

— Et puis, ce chocolat, ça m'a donné des choses... ça me passe dans le ventre comme des coups de couteau. Je fais du sang.

— C'est le capitaine. Il m'a dit : « T'as froid ? » J'y ai dit : « Eh bien, mon capitaine... » Il m'a dit : « Fais du feu. » J'y ai dit : « Oui, mais, mon capitaine... » Il m'a dit : « Fais, je te dis. Va faire ça dans les murs là-bas, et puis ça ne risque rien. Dans le plein mélange du jour et de la nuit, au soir, et le plein mélange de la nuit et du jour, le matin, ça ne risque rien. On y voit d'abord mal et puis, à ce moment-là c'est dans le corps, pas plus eux que nous... Ne t'inquiète, fais du feu. »

Le feu, c'est juste un peu de braise sur du bois humide, une croûte rouge et de la fumée. Les visages sont verts de la verdeur froide de l'aube avec la mousse sale de la barbe. De temps en temps, même ceux qui sont debout ferment les yeux ; ils ne les rouvrent en sursaut qu'au bout du balancement éperdu qu'a tout de suite leur corps pour s'allonger sur la terre.

C'est encore la nuit. Tout le jour une batterie aveuglée de brouillard a cherché les débris de la ferme. Trois fois elle a soulevé le cadavre du coureur, ce cadavre tout recroquevillé a fait un saut de crapaud ; il est venu s'accroupir au bord du trou d'Olivier. Il s'est mis à regarder Olivier d'un long regard en dessous. Il a des vers dans la barbe.

Puis la nuit. Et on a dit à Olivier :

— Tu seras sentinelle, toi, là. Tu vas aller en avant, le plus loin que tu peux, mais pas trop loin ; enfin, en avant, là, dans les herbes. Méfie-toi, il y a une forêt devant.

Olivier s'en est allé doucement sur le ventre. Il a rencontré de l'herbe, une herbe haute et sans souplesse, presque morte déjà, mais gonflée d'eau. Il a essayé de traverser. Ça le menait trop loin. Il s'est accosté là, pas loin d'un trou. Tout d'un coup il a eu la lourde peine de chasser le sommeil à coups de paupière. Il n'a pas pensé à cette eau qui lui mouille le ventre. Il n'a pensé qu'à battre de l'œil, à secouer la tête. Puis, il y a eu, là-haut, en l'air, le sifflement de l'obus et la batterie s'est mise à chercher la ferme dans la nuit.

Il a dû dormir. Il s'est réveillé avec du jour dans les yeux. Il est revenu à reculons le long de la piste qu'il a laissée dans la boue comme un serpent.

Pendant la nuit, le cadavre du coureur a sauté jusqu'au trou de Maimon et il y est presque entré. Maimon se tient un peu de côté pour ne pas le toucher, pour ne pas le perdre de vue.

— Viens, il dit à Olivier, on va le porter plus loin.

Ils l'ont pris chacun par un bras. Ils l'ont porté un peu plus loin. Ils l'ont quitté doucement sur la terre comme une chose fragile. En lâchant les bras, les bras raides sont venus taper contre la poitrine du mort. Elle sonne vide. Deux brancardiers passent là-bas devant la brume. Un porte à l'épaule un brancard vide.

— Ils vont là-bas pour Daguiseau, dit Maimon. Tu l'entends ?

De vers la gauche suinte un grand gémissement qui ronfle le grondé d'un chat en colère.

— Ça lui a arraché un bras. On voit battre son cœur par le trou.

Encore une nuit. Le ravitaillement n'a pas pu venir hier.

— Qu'est-ce que tu as ? a demandé Maimon.

Olivier ne répond pas. Il respire de longs morceaux de respiration pour chercher de l'aide dans l'air. Il y a cette odeur de sucre de tous les morts et des vieux morts. Un obus a crevé un trou où on avait enterré des hommes et un cheval.

Olivier vomit à pleine bouche une épaisse bave verte où il y a des filets de sang. Ça passe entre ses lèvres comme des flots d'échardes. Et ça s'arrache du fond de son ventre, et chaque fois il semble que toute la terre se secoue pour faire lâcher prise à Olivier cramponné là dans la boue et qui s'entête à résister, cramponné à pleins ongles. Il vomit là juste sous lui et quand le calme vient, il laisse tomber sa tête dans son vomissement.

La batterie cherche la ferme.

Depuis le coup de départ Olivier compte à haute voix : un, deux, trois, qua...

Au fond de la nuit, une immense lueur rouge saigne sur tout l'horizon ; elle frissonne de coups sourds.

— Tu entends Saint-Quentin qui saute ?

Puis c'est l'aube.

Maimon hausse la tête. Il appelle :

— Ho. On vient de faire passer : « Chabrand au capitaine. »

— Où c'est ? demande Olivier en se dressant.

— De l'autre côté de la ferme. Va tout droit, puis il y a deux bouts d'arbres.

Olivier a vu le capitaine tout de suite. Il est déséquipé au bord d'un trou d'eau. Il a ouvert le col de sa veste. On voit son cou gros comme ces chicots d'arbres et une grosse touffe de son poil de poitrine. Il envoie sa large main dans l'eau ; il monte de l'eau dans sa main et il se lave la figure.

À côté de lui, il y a le petit sous-lieutenant.

— On a tué Cochard, il dit.

Et il crache. Il a mis son index gauche dans le trou de son oreille et il la débouche en faisant trembler le doigt. De sa main droite, il fouille dans sa poche.

Il sort de sa poche un carnet, une lettre pliée, un petit livre, une chaîne, un couteau, un sifflet, un briquet, un bout de gruyère. Tout ça c'est dans sa grosse main. Il le tend à Olivier.

— Tiens.

« Cochard, Cochard », se répète Olivier.

Il se tourne de côté. Il vomit son vomissement vert. Il y a un peu plus de sang maintenant.

— Qu'est-ce que tu as ? dit le capitaine en s'arrêtant de déboucher son oreille.

— J'ai ça depuis hier.

Le capitaine regarde longuement Olivier. Il fait un pas. Il vient près de lui. Il le saisit par les épaules. Ses grosses mains sont en coquille en haut des bras d'Olivier. Il le regarde. Il le serre là, devant lui. Cette grosse touffe de poils qui dépasse par le col déboutonné monte et descend sur sa large respiration.

— Vous voyez, lieutenant, on peut pas attaquer. Je vous l'ai dit, je l'ai dit. Je le sais, je le savais, moi. Il y a un point jusqu'où on peut aller avec les hommes, jusque-là mais pas plus loin.

— Le colonel a dit, mon capitaine... il a l'ordre, mon capitaine.

Il reste un moment sans rien dire, puis :

— Bon, j'y vais, moi, et puis on verra si l'ordre...

Il a lâché Olivier. Il a bien regardé Olivier au fond des yeux dans le plus profond, là, en bas où l'œil touche le cœur. « Des choses hors du temps », pense Olivier.

— J'y vais.

Il regarde Olivier. Il tend le bras.

— Donne-moi un revolver.

— Non, fait doucement Olivier en bougeant la tête.

Le capitaine baisse les yeux sur ses grosses mains de bête.

Il les ferme, il les serre. Il les amasse en poing.

— Oui, il dit, tu as raison. Ça suffira pour lui casser la gueule.

Olivier est revenu à son trou. Il regarde ce que le capitaine lui a donné. Il sort les choses de sa poche, une par une. Le carnet : c'est le livret militaire : Isidore Cochard. La lettre : elle est pliée en quatre, du tabac en poussière dans les plis. Elle date de longtemps : « Mon petit... » Non, Olivier remet la lettre à l'enveloppe. Il ne l'a pas mise du bon côté ; il ne peut pas la plier comme elle l'était. Il sort encore la lettre : « mon petit ». Sa mère. Là, maintenant elle est pliée comme avant.

Le sifflet, sa petite gueule est bouchée par des miettes de pain. Le briquet marche, le couteau coupe. Il y a un I et un C marqués sur la corne du manche.

Le petit livre : *Le Théosophe initié*, d'Annie Besant.

Au soir, le sous-lieutenant passe par-là derrière en se courbant. Il conduit un petit homme nerveux qui ne se baisse pas et fait sauter son regard sans arrêt de droite et de gauche.

— Pourquoi ce vide où il n'y a personne ?

Le sous-lieutenant courbé en deux explique en tournant la tête de côté.

Maimon revient du ravitaillement. Un litre de vin par homme. Un demi-litre de gnole avec la part des tués. On a tout donné quand même. Une boule de pain.

— J'ai balancé la viande, dit Maimon, elle puait.

Il regarde le petit homme là-bas qui s'en va vers la ferme.

— Paraît que le capitaine y a dit au colon : « Et vous, dites, et vous, vous, c'est vous qui saurez retourner devant les femmes, là-bas, avec tout le poids des morts sur vous ? Et quand les mamans vous regarderont, qu'est-ce que vous ferez ? » Il paraît tu sais, qu'il a dit. S'ils n'avaient pas été trois... Mais justement, il y avait, je crois, ce grand commandant d'artillerie. Heureusement, il paraît ? Mais, même seul, celui-là, il n'a pas pu le tenir. Il lui en a mis sur la gueule. Ils nous ont envoyé le capitaine-adjudant-major.

Un homme arrive en rampant jusqu'au bord du trou de Maimon.

— Six paquets de cartouches, il dit, voilà. Laissez les sacs dans les trous. La toile de tente en bandoulière. Baïonnette au canon. Pas de bidon. Dépêchez-vous de boire. Les vivres de réserve dans la musette, fusil approvisionné et attention. On fera passer.

Il vient au trou d'Olivier :

— Six paquets de cartouches, il dit, voilà : baïonnette au canon. Dépêchez-vous de boire... on attaque dans deux minutes.

Il rampe vers la gauche en traînant ses lourdes musettes de cartouches.

Il y a un beau silence épais comme la fin du monde. On entend les vers qui mangent dans la poitrine du coureur mort.

Quiconque donc me trouvera me tuera !

(Chapitre inédit du « GRAND TROUPEAU »)

Depuis que l'obus a éclaté, Olivier n'ose plus bouger. C'est moins l'obus que cette mitrailleuse : elle effleure la crête du sillon. On ne crie plus sur la gauche. Il appelle :

— Daniel, collègue. Oh !

Il appelle avec la bouche dans la terre. Rien.

Ça les a tous tués, alors ?

La mitrailleuse pioche à côté de lui. Il se tait. Il colle sa bouche dans la terre.

Elle doit être là-haut, à la côte 24. Ils doivent tout voir. Il faut attendre la nuit. En lui-même Olivier appelle :

— Daniel, Daniel.

Un peu de calme. Le vent emporte une touffe de cris et de coups de pétards. Ça doit être ceux du 140 qui attaquent le moulin.

Il y a un tout petit brin d'herbe, là devant. Si Olivier pouvait se tirer jusque-là, il verrait, peut-être.

Il essaye d'un grand coup de poignet. Il vient buter du nez contre l'herbe.

Rien. Pas la mitrailleuse.

D'ici, il voit là devant un corps comme une montagne. Le dos d'un homme ?

— Daniel.

Ça ne bouge pas, ça ne respire pas. C'est trop au-dessus du sol, ça doit être mort.

Il rampe à l'abri de ce corps. Il tire sur la capote. Oui, c'est mort. Il tire sur la capote. L'homme se renverse sur lui et dégorge un caillot de sang. Une grande blessure a fouillé à la naissance du cou, dans les épaules.

— Maimon.

Sa barbe est déjà une chose de la terre.

Olivier rampe.

Là aussi, la terre est fraîchement blessée. Une odeur de poudre et de sang.

Olivier appuie sa main dans un paquet de tripes chaudes.

— Caporal.

Par le trou de son ventre il a lâché toutes ses tripes sur la terre : il est là ouvert et vide ; il mord sa main. Un paquet de boue, de sang, d'os, de cuir et de drap. Ça tremble comme de la gelée.

— Qui ? C'est ici que l'obus a éclaté. Ça a dû me lancer en l'air. J'ai rien, moi ?

Là, sur le plat de la terre, Olivier fait marcher ses jambes et ses bras comme un nageur.

— Non, ça va.

La mitrailleuse. Mais, plus loin, là où il était tout à l'heure la terre vole. Ici, l'obus a creusé. C'est plus profond.

— Daniel.

— Oh ! fait une voix, pas trop loin.

— Daniel, c'est toi ?

— Oui.

— Blessé ?

— Non.

— Où es-tu ?

— Ne bouge pas, ne bouge pas, fait la voix, la mitrailleuse.

Tout un essaim de balles bourdonne là autour. Le caporal a fait deux gestes raides comme pour se plier sous la chatouille de ces deux balles qui ont fait claquer ses côtés. Il mord toujours sa main.

— Ne bouge pas, dit Daniel (il ne parle pas fort, on l'entend bien). Il n'est pas loin. On ne le voit pas parce qu'on a la tête dans la terre sans l'oser relever et qu'on est là, collé à la terre avec de la terre dans les yeux, à rêver sourdement à des profondeurs là-bas, au fond de la terre avec le silence et le glitte-glitte des gouttes d'eau sur les chandelles de pierre.

« … Ne bouge pas. Ils nous voient. Ils sont là-haut sous ce qui reste des arbres. Tout ce qui bouge… même les morts. Quand les morts bougent ils tirent dessus. Ne bouge pas, fais le mort, reste collé.

Olivier ne bouge pas. Il écoute. Il a la terre sur tout son visage comme un masque froid. Il respire en tordant sa bouche sur le côté. Il amène lentement son regard au coin de son œil et, de là, il essaye de voir dans l'angle roux de ses paupières : la crête du trou fume sous des coups de fouet.

— Où es-tu ? demande Daniel.

— Dans le trou.

— Celui-là, là devant ?

— Oui, peut-être.

— Tu as le caporal juste derrière ?

— Oui.

— Et puis, ce mort, là-bas, couché à ta droite ?

— Oui, c'est Maimon.

La mitrailleuse ne tire plus. Entre Olivier et Daniel il y a un grand désert de mort.

— Il est grand, le trou ?

— Oui, c'est là où ça a éclaté.

— On est plus que tous les deux. Moi je suis là. Il y a peut-être un mètre, je vois ton casque. Attends, je vais creuser. Je vais aller là-bas. Ne bouge pas.

— Tu as ta pelle ?

— Non, pas de pelle. Pas de pelle. Je suis juste au-dessus de la terre. Ils me voient trop. Si je bouge… Je vais creuser avec mes doigts. Viens de ce côté, creuse à ma rencontre.

La terre est grasse et elle reste dans les ongles. On dirait qu'on fouille à la griffe une grande bête pourrie. Ça sent la mauvaise viande à mesure qu'on creuse.

Il a fallu s'arrêter plus de dix fois et rester là, le nez enfoncé dans la terre : la mitrailleuse cherchait là, tout autour avec ses ongles de fer. Olivier appelait :

— Daniel.

— Oui, disait Daniel, et on recommençait.

Enfin, la terre s'est éboulée doucement devant le nez d'Olivier et il a vu quelque chose de couché comme un mort. Puis ça s'est mis à glisser tout lentement vers lui et il a compris que c'était Daniel qui venait.

Du côté du moulin il y a eu encore des coups de pétards, et des cris et de la fusillade. Ceux de là-haut qui sont à la mitrailleuse se sont mis à tirer vers là-bas et Daniel s'est poussé d'un bon coup de bras et il a glissé dans le trou.

Tout de suite, les balles sont revenues danser sur la crête et maintenant là-bas, sur le trou, il y a comme un bouchon de fer, un bouchon de balle. On ne peut plus bouger ni se dresser, on calcule longtemps avant d'étendre le bras, avant de bouger les doigts de la main. Le monde n'est plus que ce trou de terre pourrie.

Olivier et Daniel sont au fond, emmêlés bras et jambes, serrés l'un dans l'autre à n'être plus qu'un. Le chaud de l'un coule dans le chaud de l'autre. Olivier a essayé de respirer à la cadence de la respiration de Daniel. C'est difficile. On ne peut pas se mettre à la cadence. Daniel respire vite. Sa poitrine est là, sur le ventre d'Olivier. Olivier sent cette poitrine qui se gonfle et se dégonfle. Il essaye de respirer en même temps ; il ne peut pas, il est toujours en retard. Daniel respire trois fois dans le temps de deux. Olivier glisse sa main sur l'épaule de Daniel et serre. Daniel a sa main contre le flanc d'Olivier. Il serre aussi, en réponse. Et puis, il y a eu encore un moment de calme. Il est venu une forte odeur douce. La mitrailleuse a déchiré là, tout près, un vieux mort déterré par l'obus.

Daniel relève la tête. Il respirait là, contre le bras d'Olivier. Ça faisait un rond de chaud sur la peau. Olivier frissonne.

— On peut se mettre à plat ventre, là, contre, dit Daniel.

Il a de grands yeux luisants, tout aiguisés de fièvre et enfoncés dans un cerne épais. Inquiet, il tourne la tête à petits coups, comme une poule ; il regarde de tous les côtés. Il bombe le dos ; il est tout bandé sur lui-même, prêt à bondir.

— Pas blessé, rien ? demande Olivier.

— Non, rien, mais je regarde, parce qu'il est là à me chercher.

Olivier tourne la tête vers Daniel. Dans le regard de Daniel une grande peur luisante tremble comme un soleil sur l'eau.

— Qui est-ce qui te cherche ?

— Mon frère.

Une balle de mitrailleuse claque contre une pierre et s'enrage comme un serpent.

— L'obus balancé en l'air, dit Olivier qui suit son idée.

— Oui, mais j'ai été tout de suite contre la terre comme un crapaud. J'ai cru que la peau avait éclaté. J'ai touché tout le tour du ventre. Il n'y avait rien de crevé. Ça ne coulait pas. Je suis resté là. Je t'entendais appeler. Je me disais : « Olivier ? Ça doit lui avoir fait éclater le ventre à lui. » Mais ça, je disais ça, et impossible de faire un geste. Je ne pouvais pas me décider. Je me suis dit : « Il n'en a pas pour longtemps si c'est ça ; ça va couler puis, d'un bon coup ça va se dégonfler comme un ballon. Je t'entendais appeler. Pas moyen de me décider à bouger. J'ai vu tout ton ventre vert, là, par terre.

— Beau couillon que tu es, dit doucement Olivier avec toute son amitié à fleur de lèvres.

— Oui, puis ça a fait un bon moment où sans pensée, j'étais tout noir. Puis j'ai revu du vert. J'ai pensé à cette feuille où j'ai essuyé le sang de mes mains dans la forêt, et puis j'ai regardé devant moi et j'ai vu mon frère. Il est là, allongé devant moi. Il me guette. Il a son revolver. Ici, il peut faire ce qu'il veut. Moi, j'ai les mains attachées. Ici, il est mon maître. J'ai bien vu dans ses yeux que ça c'était un moment qu'il attendait.

— Ce soir, dès qu'il fera nuit, dit Olivier, il faudra aller au poste de secours. Ça arrive, ça des fois, quand on a été lancé en l'air.

— Non, ce que je te dis, Olivier, c'est vrai.

Depuis un moment, la mitrailleuse ne tire plus. Il y a un bruit par-là derrière. Un bruit léger, comme une chose molle qui se traînerait sur la terre.

— Tu entends, fait Daniel, c'est lui.

— Tu as quelque chose dans ton bidon ?

— Pas de bidon.

— J'ai soif.

— Tiens, mets-toi ce tabac dans la bouche, ça fait saliver, mais, si tu m'écoutes dès la nuit tu vas au poste de secours.

— Non, je te dis, c'est vrai, il est là, écoute.

Tout à l'heure la chose molle a glissé dans un trou là-bas derrière. Ça a passé à côté du caporal mort ; ça a dû le toucher. Le caporal était toujours assis, en train de mordre sa main puis il a chaviré et il s'est couché. On a entendu tomber son casque.

Daniel rampe pour se trouver tout contre Olivier.

— Écoute : je veux te dire avant... ne crois pas... ne crois rien. J'avais raison ; ce que j'ai fait, il fallait le faire. Du sang de ma mère sur mes mains... bon, mais c'étaient des cordes et des nœuds obligés de couper au couteau. J'avais raison. Et puis, j'ai essuyé mes mains dans la feuille de bardane. Pourquoi m'obliger à faire l'homme ? J'ai le droit d'être une bête. Tu le sais. Olivier, tu le sais. On dit toujours, Abel, Abel, ah ! c'est Caïn le malheureux. Olivier c'est Caïn, c'est moi...

Le bruit mou, là, à côté entre les morts et Maimon qui bouge parce que ça s'est caché derrière lui.

— Tu as ton fusil, demande Olivier sourdement.

— Je l'ai jeté exprès. Déjà dans la forêt...

— Quoi, déjà dans la forêt ?

— Cette forêt qu'on a traversée hier, dans la nuit, tu te souviens ? Il était là. Ça s'est fait comme un découvre brume quand le nuage s'en va : j'ai vu clair jusqu'au fond de lui. Puis on est reparti et il a marché derrière moi.

— Collègue, il y a longtemps que ça t'a pris, ça ?

— Olivier, c'est vrai, c'est tout vrai, c'est pas du rêve. Il est là : tu vas me voir la tête cassée...

Une balle siffle. Ils s'aplatissent à la pente du trou.

Ce n'est pas une balle de la mitrailleuse.

— Mais, ton fusil alors, ton fusil, pourquoi ?... Si le mien marchait au moins.

— Non, vieux, là le fusil n'y peut rien faire. Il est plus fort que moi à ce jeu-là. Il est le maître ici.

Une autre balle siffle en oblique.

— S'il me tourne, c'est fini, dit Daniel. Écoute, vieux, écoute bien ; s'il me tue, ne dis rien, même si tu sais, parce que, quand il m'aura tué, il ne pourra pas s'empêcher de se montrer pour voir, pour être sûr et de venir me toucher mort ; chaud. Écoute ; s'il me tue, tu lui diras, non, tout ce qu'il y a dans cet homme est à moi. Tu as le droit de le lui dire, c'est écrit dans mon carnet. Prends tout le plein de mes poches. Au milieu du carnet, il y a deux adresses sur deux pages séparées. Oui, séparées. Sur une j'ai fait une croix en travers. À celle-ci tu écriras seulement que je suis ton ami, ami, ami, tu souligneras *ami* à gros traits, ami, tu entends Olivier, ami d'un homme ; ça sera mon fusil, à moi.

« À l'autre adresse, écris de bonnes choses, ça sera une pauvre femme.

Il y a eu du silence comme il y en a parfois sur cette terre couverte de morts. Tous les trous sont bouchés de silence. Loin, là-bas des hommes gueulent, un clairon crie deux fois, des pétards éclatent.

— Toujours le moulin.

La mitrailleuse passe sa faux sur la terre nue.

— Ah ! a fait Olivier.

Il y a de la joie dans son soupir.

— Daniel, ça va.

Il a vu bouger quelque chose dans ce sillon qu'ils ont creusé avec les doigts et d'où Daniel est venu. Ça a d'abord été un casque, puis la visière s'est relevée. C'est le petit sous-lieutenant.

— Daniel, ça va. C'est le lieutenant. On est sauvé. Mon lieutenant, attention à la mitrailleuse ; bougez doucement, doucement, attention, n'allez pas vite.

Daniel ne dit rien. Il regarde l'homme qui rampe. L'homme allonge lentement son bras droit en avant. Sa main est serrée sur un revolver.

— Mon lieutenant, il y a une mitrailleuse à la lisière là-haut, à 24 ; ils vous voient, doucement.

Il ne répond pas. Il a un visage de fer.

Et tout d'un coup il fait un bond, il tombe dans le trou.

Le dos bombé, le revolver en avant, il regarde Daniel.

— Vous, dit-il, levez-vous, venez !

La faux de la mitrailleuse passe. Le casque claque et tombe. Daniel regarde devant lui avec des yeux ronds, la tête du sous-lieutenant se penche. Il est à moitié droit, le dos contre la paroi du trou. Il lâche le revolver. Il essaye de toucher sa tête avec sa main mais son bras ne va pas plus haut que son épaule et retombe doucement. Il se renverse sur Daniel ; un jet de sang fuse de sa tête étoilée.

— Regarde ses yeux.

— Oui, ça y est.

— Fouille-le, toi, dit Daniel. Prends ses choses. Il doit avoir une médaille au cou. Il faudrait la prendre aussi. On y tient. Tu prendras l'adresse dans son portefeuille. Tu écriras à sa mère. Je te dirai ce qu'il faut dire pour que ça la console. Je la connais. Tu lui parleras de champ d'honneur, de patrie…

Il se penche sur le mort. Il touche cette pauvre tête molle comme un melon crevé.

— Quand même, il lui dit, quand même, tu vois maintenant, Jean... mon frère !

Un doux reproche.

Bataille du Kemmel

(Chapitre inédit du « GRAND TROUPEAU »)

L'aube est là-bas dans les saulaies, au bout de ce champ plat, immense comme toute la terre. On est venu par cette route des bouleaux. Les casques sont blancs de givre. On fume de la tête aux pieds comme des chevaux et on porte sa vapeur dans son pas. Toute la compagnie est dans le brouillard de sa sueur. On s'arrête.

— Donne ton bidon, je vais au café.

Un roulement de canonnade ronfle contre l'horizon comme une tempête de la mer.

— Du côté de Bailleul.

Un soldat anglais traverse le champ vers une petite ferme basse. Il traîne de gros boulets de terre au bout de ses jambes maigres. En approchant de la porte qui s'est ouverte – on devait le regarder venir – il déboucle son sac.

L'adjudant vient de prendre les ordres.

— À partir de maintenant, il dit, on va marcher en tirailleurs. La ligne d'hommes commence à se déployer dans le champ.

Il y en a qui sont près de la ferme où est entré l'Anglais.

Ils vont regarder à la fenêtre. Ils regardent le sac du soldat dans la boue près de la porte.

Une autre route allonge, là-bas au fond, sa longue procession d'arbres.

On avance en poussant l'air avec son ventre. Daniel est là, à gauche après les trois autres. Le jour s'est levé. On voit le pays par petits morceaux. La terre plate est cachée derrière les bosquets, les haies et les fermes. Les prairies mouillent les genoux ; derrière la ligne d'hommes, l'herbe reste couchée comme par les dents d'un grand râteau. Un moulin à vent a regardé par-dessus les arbres puis il s'est mis à tourner à vide comme pour signaler à pleins bras, là-bas derrière l'avance de ces hommes dans l'herbe.

On a fait la longue halte à la fourche de deux routes contre un estaminet. La ligne d'hommes s'est pliée contre la maison puis, comme on sifflait à la pause, elle s'est lovée à serrer les murs. On entre. Il n'y a plus de rideaux aux fenêtres. Un petit garçon enlève les portemanteaux en détournant les vis avec un clou… Les murs sont nus, le comptoir est poussé de biais pour laisser du large à un homme qui met des bouteilles dans une brouette.

— Oui, il dit, c'est d'hier soir qu'on a su. Moi. Plein d'Anglais, tu sais qu'ils s'en vont : eux, ils s'en foutent. Ça, c'est pas, tu sais, des soldats pour ça. Ces boches, ils ont traversé d'un seul coup du côté de Bailleul.

« À cette femme j'y ai dit : "C'est pas le moment de faire le chinois, on sera des fois bien mieux devers Cassel ou même à Dunkerque." Elle y est déjà partie avec le gros fourbi. Je me remporte les derniers débris, voyez-vous ?

De ce côté du ciel battu par la grande voix du canon, monte une écume noire. On va d'heure en heure ; on se couche sous les haies ; on siffle la halte et on vient juste de dépasser la lisière de cette ligne d'arbres.

Sur la route, un homme traîne un charreton chargé de matelas. La ridelle balance un panier à salade. Une femme traverse un labour mouillé. Elle emmène des enfants : deux pendus à ses mains, un qui tient sa jupe, un qui marche devant tout seul et qui se détourne de temps en temps pour voir si elle vient. Elle est nu-tête. À un moment, elle s'est arrêtée ; elle a lâché les deux enfants, elle a refait son chignon. Elle tenait ses épingles à cheveux entre ses dents. Le petit s'est mis à crier : « Papa. » L'homme qui traînait les matelas s'est arrêté aussi pour attendre.

Une jeune fille rougeaude, à joues bombées, débouche de la venelle. En voyant les hommes couchés sous la ligne d'arbres elle a les yeux comme deux prunes. Elle mène une vache. Les pis ballants battent contre les jarrets de la bête.

Une femme passe à bicyclette. Elle tient le guidon d'une seule main ; de l'autre main, elle porte une cage d'oiseau. On a marché jusqu'à un long village. On le traverse. Il est désert ; toutes les portes sont ouvertes. Une pendule sonne par là-bas dedans.

Au bord de la rue, une vieille femme est assise sur son fauteuil de paralytique.

— Alors, la mère ?

— J'attends, elle dit.

Son petit baluchon est à ses pieds ; la queue d'une poêle dépasse.

Tout d'un coup, après ça, on a vu bouger, là-bas devant, toute une fourmilière. Le lieutenant a haussé la tête pour regarder l'adjudant. L'adjudant faisait :

— Hé, hé… la main levée pour appeler le sergent Molisson qui est de chez lui.

On a sifflé à la pause, puis « aux ordres ». Au milieu des gradés, le petit capitaine s'est mis à sautiller comme une sauterelle bleue. Il faisait voir avec son bras court des coins du ciel.

Daniel est venu près d'Olivier.

— Cette fois, il dit, c'est le mélange des mélanges. On n'a plus de droite ni de gauche. On est comme du mortier. Puis il a vu les yeux d'Olivier tout allumés de fièvre et la lèvre qui saigne parce qu'Olivier s'est mordu.

— Tu es malade ?

— J'ai reçu une lettre, je te dirai.

On est rentré comme un fil d'eau déjà épaisse dans ce mortier d'hommes et de bêtes et de charroi, et de charrettes qui tremblote là devant.

Un boiteux court en éclaboussant de l'eau d'un seul côté. Une femme serre une poule contre ses seins. Le petit garçon marche à côté d'elle. Un tombereau emporte une commode les pieds en l'air et un buffet qui oscille en secouant son fronton mal cloué. Un vieil homme a le chapeau plein de toiles d'araignée ; il essaye de porter une table de nuit sous son bras ; il tient le marbre dans l'autre main. Quatre femmes liées l'une à l'autre par des paniers pleins de vaisselle marchent en tenant toute la largeur de la route. Une longue charrette trop chargée de meubles crie et craque. Un chien trapu – une tache noire lui couvre un œil – traîne un petit chariot bas. Sa langue pend, il lape l'air avec le crochet rouge de sa langue. De temps en temps il aboie un court aboi rauque en regardant son maître : un homme long et maigre, le cou penché sur sa poitrine creuse. Un couvercle de cafetière tombe du chariot. L'homme revient en arrière, le ramasse, fait ses grands pas en tenant le couvercle dans sa main.

— Faites passer : « Au bord de la route, marcher au bord, laisser la route aux civils. »

Une corne d'auto gronde derrière.

— Descendez dans le fossé.

L'auto s'enrage à marcher doucement, retenue à pleins bras par un soldat propre à brassard blanc.

Un général français, rouge de peau, un rouleau de moustaches blanches sous le nez crie :

— Allez, allez, au chauffeur.

Chaque fois, le soldat a comme un petit geste de la tête, pour se détourner et le regarder et il cogne sa trompe et il enrage son moteur de la pointe du pied.

À chaque secousse, le général retient son képi feuillu. Il ne regarde pas les soldats. Un motocycliste anglais couvert de cuir saute à plein gaz dans les ressauts du pré ras. En sortant de là et comme les bruits, et le piétinement, et les cris d'essieux de tout ça s'en allaient, on a reçu au plein de la figure le souffle chaud de la canonnade. L'écume noire est dans le ciel comme un mur. L'auto du général file sur la gauche vers un village où on ne va pas et qui dort, les pattes étendues sur la croisée de trois routes comme une grosse araignée.

Une coopérative anglaise flambe. Un long obus s'avance, passe au-dessus des hommes là-haut et file vers la mer. Le soir est là.

— Je te dis que les boches ont tout crevé et qu'il y a plus rien devant et qu'ils viennent, je te le dis, tu es bête comme une mule.

— Un beau mortier, oui, dit Daniel, un beau mortier tout ça et mélangé par une gâche, une sacrée gâche qui part de haut. On est tout comme un troupeau de moutons.

Le vent vient de la mer. Il est froid avec une aigre odeur d'herbe d'eau. Une petite pluie coule sur lui et frappe dans le dos des hommes.

Des soldats habillés de jaune courent dans un champ. Ils ont le casque plat. Les armes sont en tas au bord de la rigole. Ils jouent à la balle ; on entend les coups de pied qui sonnent dans le ballon de cuir. Ils laissent les jeux, ils viennent vers la route, vers ces hommes bleus qui marchent. Ils disent :

— Cigarette ?

Ils jettent des paquets de cigarettes. On se bouscule pour les attraper au vol ; les fusils tapent dans les gamelles. Les Anglais rient d'un grand rire blanc qui s'ouvre sur le tuyau de leur pipe.

— Confiture ?

Un gros village gargouille là devant dans les arbres.

C'est la nuit. Tout l'horizon est en feu : de hautes flammes blanches dansent dans la canonnade comme des reflets de bassins au soleil – la pause, gardez l'équipement.

On a cru d'abord qu'on allait repartir puis on est resté longtemps, très longtemps et, petit à petit, on s'est couché sur la terre.

Daniel a réveillé Olivier.

— Viens, il y a des affaires à faire au village.

Ils vont dans la nuit. Dans la rue, il y a une petite fenêtre éclairée, une seule, tout le reste est noir. C'est une épicerie et qui fait estaminet aussi.

— Venez, soldats, nous avons du chocolat au lait.

Ce sont deux filles blêmes aux cheveux de raphia, les yeux cernés, les lèvres saignantes ; l'ombre creuse leurs joues.

— Des sardines à la tomate.

Deux Anglais, assis sur des tonnelets, boivent de la bière et regardent la bougie. Ils restent là, ils arrêtent des rots en fermant brusquement la bouche. Quand une fille vient près d'eux, ils envoient la main sous les jupes. Celui-là se penche le corps pour envoyer sa main gauche. Sa main droite est empaquetée dans des pansements.

— Des maquereaux au vin blanc. Allez, seize sous, profitez, faites savoir ; il reste deux tonneaux de bière, allez, dix francs et des biscuits, profitez. Qu'ils sont cochons.

Olivier sort sa lettre pour prendre un billet de cinq francs qui est dans l'enveloppe.

— Tu vois ça, il dit une fois dehors, tu vois ça, ces filles…

Il crache.

— Vieux, j'ai reçu une lettre voilà, je te l'ai dit, c'était ça, elle va avoir un petit. C'est pas elle qui m'écrit. C'est le papé, mon grand-père. Ils l'ont prise avec eux. Elle est venue là au refuge, un soir, toute bleue de coups. Son frère… Pour sa permission. Ah ! je savais. Si j'étais là-bas. Elle avait les cheveux pleins de sang, il dit le papé. Le papé, je sais, j'ai confiance. Il a pris la barre du char. Quand le Joseph est venu, il lui a fait voir la porte : « Et vite… » il lui a dit. Ça, je sais, j'ai confiance, mais, si j'étais là-bas… Ça a été des coups dans le ventre qu'il y donnait. Ton bâtard, ton bâtard, il disait. Je le vois ! De son bras, il secouait la Julia. « Ton bâtard », en plein dans le ventre. Elle par terre et des coups de talons sur la tête et des coups dans le ventre, et elle avec ses mains… pauvre. Le papé m'a écrit, tu entends, vieux ? Et alors, moi, qu'est-ce que je fais ici ?

Ils sortent des arbres. Le champ est là où les hommes dorment sur la terre, lourds du harnais et de leur chair lasse.

Dans la haie quelqu'un chante, un petit chant léger, à fleur des lèvres.

« *Nous irons écouter la chanson des blés d'or.* »

— Ma mère, dit Olivier, ma mère, et elle. Elles n'ont pas de défense là-bas. Le papé. Il a le courage. Pour le courage je suis tranquille ; mais il est vieux. Et moi, qu'est-ce que je fais ici ?

C'est Marsillargue qui chante dans la haie tout doucement pour lui-même, pour revoir là-dedans l'ombre, les images de sa terre et de sa maison.

L'aube venait et l'on s'est dit : « Qu'est-ce que c'est ça qui nous arrive là ? » Des hommes en file sur le rouge du ciel, des hommes chargés de caisses et de paquets. Ils ont tout quitté dans l'herbe ; on s'est levé, on est allé voir. Il y a des cartouches, des grenades, du chocolat, du camembert, de grands couteaux de boucherie et voilà le retardataire qui vient là-bas avec ses seaux d'alcool truqué.

Olivier a regardé Daniel.

— Ça y est encore !…

— Seulement, voilà, a dit Daniel : cette fois, ça n'est plus comme d'habitude. On est là en plein dans le champ. Depuis hier, on marche en tirailleurs. Pas un seul n'a l'air de savoir. Le commandant est venu ; il a parlé avec le capitaine et les lieutenants : « Où va-t-on ? » lui a demandé le capitaine. Il a fait comme ça des bras pour dire : « Je ne sais pas. » Et puis il a dit : « Non, on ne sait rien. On ne sait pas où ça va se produire. On nous emploiera là où ça sera utile et ça, on ne peut savoir où. » Alors, tu vois, ça n'a pas l'air d'être une attaque. On est plutôt des poignées de mortier et là où ça craquera on nous écrasera dessus la fente pour boucher.

On est parti sur le soir. On ne marche plus en tirailleurs mais par petits paquets avec de l'espace entre les groupes. On a déjà jeté presque tous les couteaux. Cette fois le village est bien désert depuis le seuil jusqu'au fond des murs. Les filles sont parties. Sur le trottoir devant leur épicerie une chemise de femme traîne dans le sang.

À la sortie du village : halte.

Le commandant est là. Il vient de rencontrer un officier anglais nu-tête ; le casque accroché à la ceinture. Le vieux général qui passait hier en automobile court à travers champ vers le groupe.

Halte.

On attend. Ils parlent tous les trois. L'officier anglais montre un coin du ciel. Puis, du bout de sa canne il se met à dessiner sur la route. Le commandant et le général sont penchés sur ce qu'il dessine. Le général soulève son képi et gratte son crâne rose à pleins doigts.

— Ça n'a pas l'air de sentir la rose, dit Marsillargue.

Quand l'officier anglais a montré un coin du ciel, on a vu, au bout de son doigt tendu là-bas, une carapace de petite colline et qui fume sous les obus. On repart.

— Colonne par un sur le bord de la route. Les fusils-mitrailleurs prêts à tirer. Approvisionnez les fusils.

— Qui est-ce qui a des couteaux ?

On ne répond pas.

— Ne t'occupe pas des couteaux, non, mais...

L'adjudant a regardé Barnous. L'autre le regarde aussi avec le plein de ses yeux bleus.

— Non, mais...

— Bon, dit l'adjudant, vous avez compris ?

Et il s'en va.

La nuit, et tout autour les coups sourds d'obus qui fouillent comme la rage de gros chiens qui ont pris le monde à pleines dents et qui déchirent. Sous les éclairs des coups, on voit la terre sans arbres.

— Le Kemmel.

Un village là devant avec des maisons qui perdent leurs tripes de matelas et l'os brisé des meubles.

Deux soldats anglais courent, penchés, les bras pendants comme de gros singes.

— Ici, ici, crie le lieutenant.

Ils font des signes, ils gueulent des mots étouffés par les coups de ce canon-revolver qui tire dans le clocher du Kemmel.

— Ils disent qu'ils viennent de porter des grenades !

— Non, des torpilles !

— Non, pas par là ! ils disent.

— Ils disent qu'on est tournés, que tout s'en va !

— En tirailleurs à la sortie du village !

Un gros obus souffle en écartant la nuit ; on voit là devant des arbres, un parc, un étang, un château ; des branches craquent, des ardoises chantent, des mottes de terre tombent dans l'eau.

On s'est jeté à pleins corps sur la terre.

— Creuse, dit Daniel.

Il s'est couché à côté d'Olivier.

Une grande barre de flamme et d'éclat frappe par-là derrière sur le village et sur les champs comme la barre d'un fléau. La nuit vole en paille de feu. Les coups sourds écrasent les maisons et la terre ; l'air est un monde épais qui siffle, et roule et tourne ; des tournesols de feu éclatent et les graines d'acier râtellent l'air.

— Ils vont venir, dit Daniel.

Non. La nuit est toujours vide d'hommes ; le feu se calme. Il ne reste plus que la fusée régulière des petits obus.

— Il y a encore des Anglais qui tiennent là devant.

On se dresse. On marche. Une haie basse frappe dans les ventres.

Au bout d'un moment :

— Halte, crie le lieutenant.

Les hommes sont seuls, là, dans le noir. On est rentré plus avant sous ce dôme des obus ; ils passent, plus haut, ils tombent plus loin derrière. On ne voit rien sinon là-bas, ce squelette de village noir sur le feu des éclatements. Entre le village et la section c'est vide, c'est tout vide. Un gros obus tombe là-bas. Rien, c'est tout vide, tout autour on a vu. La nuit se ferme.

Et alors ?

— Barnous !

— Mon lieutenant !

— Avance-toi, va doucement, va voir s'il n'y a pas des Anglais. Vous autres, ne restez pas en tas, couchez-vous. L'autre agent de liaison… bon, tu es là ? Va à gauche, va aussi. Va voir, on ne peut pas marcher comme ça.

On a entendu taper le fourreau de baïonnette de Barnous.

— Mon lieutenant !

— Oui.

— Là devant, à cent mètres, il y a les Anglais. Ils m'ont demandé : French ? J'ai dit oui. C'est rempli d'Anglais.

— Et Thomas, il n'est pas revenu ?

— Le voilà.

— Et de ce côté ?

— De ce côté, non, rien. Il y a des fils de fer, on peut pas passer.

Un officier anglais vient. Il demande : Français ?

Il explique lentement en cherchant ses mots. À droite, à trois ou quatre cents mètres, il y a un bataillon français.

— Bon, à droite alors, dit le lieutenant.

L'Anglais s'en va.

Le talus de la route. Une voix vient dans la nuit.

— Ici, commandant Douce !

— Ici, lieutenant Reynaud, sixième compagnie, mon commandant.

— Vous savez où on est ?

— Non, mon commandant !

— Enfin, qu'est-ce qu'on fait ? Où va-t-on : à droite, devant, à gauche ? Où sont les lignes ? C'est ici les lignes ? Votre capitaine, où est votre capitaine ? Quelle heure est-il ? monsieur Reynaud.

— Neuf heures, mon commandant.

— On devait attaquer à sept ; enfin, où est-on ?

— J'ai fait reconnaître, mon commandant. Les Anglais sont là devant, à deux cents mètres.

À gauche, il n'y a personne. Du barbelé partout. Mon agent de liaison n'a pas pu passer.

— Et alors ?

Le commandant se tape sur les bottes avec sa badine.

Des soldats reviennent.

— Il y a des tranchées vides là devant.

— Quoi ? Que disent-ils ? demande le commandant. Eh bien, allons-y, c'est peut-être là.

Et là, on a défait le sac. Olivier frotte son épaule. La nuit gronde tout autour.

— J'ai sommeil, dit Daniel.

— Mâche du tabac, tiens !

— Enfin, est-ce qu'on sait, ils ont attaqué ?

— Oui hier soir.

— Non, ce matin.

— Ils ont ce moulin qu'on disait ?

— Non, c'est les Anglais au moulin.

— Des Français, oui ! Le troisième bataillon.

— Des artilleurs anglais, je te dis, ils jouent du piano dans la cave.

— Enfin on sait oui ou non ?

— Non, rien.

Le jour est venu tout d'un coup. Il a éclairé le ciel et il était là. Les obus ont dû déchirer ce coin de nuit par lequel il suintait à la douce ; ce doit être maintenant un trou d'où le jour peut couler à torrents d'un seul coup. On a dormi dans la boue.

— Gratte un peu ma capote avec le couteau.

On est au beau milieu des Anglais.

— Mon lieutenant, non, dit Thomas, on sait pas où sont les autres Français. Moi je vais, mais c'est partout des Angliches.

Là-bas devant, le mont Kemmel fume comme un volcan crevé. On est le long d'une route des saules. Une terre neuve avec des arbres, de l'herbe, des saules déjà touchés de printemps en cet avril, des bourgeons de belle amitié qui s'ouvrent là. Les balles claquent dans les branches ; la peau d'herbe est toute blessée ; de grands morceaux de terre arrachée pantèlent ; les labours saignent ; l'étang doucement s'en va ; on le voit s'en aller dans les trous et puis s'enfoncer dans la terre.

Des vols d'obus passent, s'abattent, sautent, arrachent des branches, rugissent sous la terre, se vautrent lourdement dans la boue puis tournent comme des toupies et restent là. À chaque coup on se baisse. Le faucheur marche dans la plaine et le vent de la faux souffle dans les cheveux.

On creuse à la petite pelle d'un trou d'obus à l'autre trou. On a tout le temps dans les jambes cet étang qui veut s'en aller et qui coule, tantôt d'ici, tantôt de là, sans savoir. On le repousse, on le frappe, il revient, il geint ; on le frappe à coups de pelle. Un obus se plante là tout près. On se couche sur l'étang et tout de suite il se met à lécher l'homme : la figure, le ventre, avec sa langue froide.

Là-haut, à trois cents mètres on voit le moulin. Un peu à gauche un petit tas de pierres. C'était un pigeonnier.

— En voilà un, en voilà un, crie Thomas.

Il y a un homme dans ce tas de pierres, là-haut

on vient de le voir se dresser, se découvrir jusqu'au ventre.

— La vache, dit Thomas, c'est une vache celui-là. D'abord il doit avoir le téléphone et c'est lui qui nous fait envoyer tout ça, puis, tout à l'heure, quand je suis allé à la ferme Vléminkode, cette vache de porc-là il m'a tiré dessus. Il a un revolver. Donne un fusil que je le règle.

L'homme apparaît. Thomas tire. L'homme apparaît.

— La vache !

Et Thomas tire.

L'homme apparaît.

On a attaqué à la fusée. On avait les yeux fixés sur ce point là-bas où est le commandant, dans une étable à porcs. Il y a quelques fleurs autour de cette étable : des coquelicots.

On les regarde.

— Des fleurs, tu crois ça !

La fusée monte.

On a attaqué comme une poignée de feuilles.

L'aspirant Grivello saute d'un saut de chat. Il reste un moment courbé, il se redresse.

— Descendez ! Descendez !

Un grand coup dans le ventre le courbe en deux. Il ouvre comme des ailes ses deux bras rouges de sang.

Flachat coule dans le trou comme un linge mouillé.

— Mouché ! Là !

Il touche son flanc.

— Regarde.

— Non, juste le bord, file, vieux.

Charmolle vomit du sang et du vin. Il fait deux pas ; il s'arrête pour regarder ce qui a coulé de sa bouche. Des coups de fusil le suivent.

— Le capitaine, le capitaine !

C'est un agent de liaison du commandant.

— Attaquez, attaquez ! il dit le commandant. Il m'a dit : « Allez-y, dites-leur : attaquez. Il faut. »

Deux Anglais courent vers la houblonnière en faisant des crochets comme des lapins. Un roule en boule et reste là, l'autre court.

— Lieutenant Reynaud c'est moi qui commande. Le capitaine est tué.

La nuit.

— Faites passer : « On retourne là-bas. » Il y en a d'autres, là, dans le trou ?

— Non, c'est des morts.

Le lieutenant cherche dans l'ombre. Il tâte les hommes.

— Toi, qui es-tu ?

— Barnous.

— Bon, et toi ?

Il tâte les hommes au plein de la poitrine, dans le harnais.

— Attention, marchez à mes talons. Ne vous perdez pas. On va aux abris.

On est à un bon kilomètre des premières lignes, presque aussi loin que les artilleurs, dans deux abris de tôle ondulée. On dirait des tunnels mais ils sont juste posés au-dessus de la terre et butés tout autour à la jardinière, tout à fait comme un abri à lapin au fond du courtil.

Tout ça est dessous le mont Kemmel. Entre le mont et les abris, les champs descendaient. On est allé voir. C'est un vallon feutré de petits fayards et de petits pins. Au fond, une route.

— La route de Messine, a dit Thomas.

Un Anglais est venu.

— French ? il a demandé.

— Oui.

Il est allé jusqu'à un trou où ils étaient encore quatre ou cinq vivants. Ils sortent. Ils bouclent leurs sacs et ils partent, le fusil bas.

— Le ravitaillement, dit Thomas, ça sera ce soir, en bas sur la route que j'ai dit près de ces maisons. Là-bas, tu vois – comme il tend le doigt un obus écrase les maisons.

Avant de partir, l'Anglais tape sur le sac à masque.

— Gaz.

Il montre le Kemmel, puis il dessine dans le ciel avec son doigt le chemin par où viennent les gaz.

La nuit, et le brasier du bombardement est toujours là...

Thomas va s'en aller porter un pli au colonel. Il tourne la lettre dessus dessous ; il la regarde.

— Les croix de guerre.

On entend crier dans la nuit.

À l'aube, Barnous fait les grands pas vers l'abri du lieutenant.

Ils sortent tous les deux. Ils sont là-bas dans l'herbe, ils se penchent.

— Venez, fait Barnous avec la main.

C'est Thomas qui est là, allongé dans l'herbe. Il est encore chaud, les bras et les jambes sont souples.

— Une balle de fusil, dit le lieutenant.

Il a reçu une balle en plein dos. On regarde le Kemmel. On revient aux abris en courant, courbés à ras de terre comme des singes.

Dans la plaine, les fermes sont entières et comme vivantes. On dit :

— La grosse.

C'est celle-là encadrée de houblonnières. Il y a même au plein des champs une églisette qui s'ouvre dès le seuil sur un champ de fèves. De temps en temps la porte s'ouvre, un homme saute, va s'allonger dans les fèves, puis, au bout d'un moment il se dresse, court, s'aplatit contre la haie. Il va à la ferme au pigeonnier. Le colonel est là. Hier les pigeons sont revenus. Un cochon se promène dans les champs.

On a vu arriver une jeune fille. C'est surtout parce que la sentinelle du jour criait :

— Hé ! Hé ! Là-bas, sans oser rien ajouter.

On est sorti, on a vu la jeune fille arrêtée sur son pas ; elle regardait les hommes toute surprise, la bouche ouverte, les yeux ronds.

Le lieutenant la prend par les poignets. Elle va à sa ferme.

— Le père a laissé sa montre au clou ; on a oublié la couveuse.

— Barnous, tu la raccompagnes jusqu'à Steinworde.

— Mais, la montre ? dit la petite.

97

— Puisqu'on vous dit... Barnous, emmène-la.

Un obus passe sur la crête. Un arbre éclate en vol de pie.

— Ne t'inquiète, dit Barnous.

Il prend la main de la jeune fille. Ils courent tous les deux vers la ferme aux houblonnières.

Marsillargue est revenu avec une pièce de savon et un chat, puis avec une grande feuille sèche et noire.

— Qu'est-ce que c'est ça ? On dirait qu'on sait, on ne peut pas mettre un nom.

Daniel a dit : « C'est du tabac. »

Oui, c'est du tabac.

— Alors, dit Marsillargue, le grenier là-bas en est plein.

On est allé chercher des brassées de feuilles de tabac.

— Les cigares, c'est jamais que des feuilles de tabac comme ça et bien roulées. Faut seulement de la patience.

On a fait des cigares, des gros comme le bras, des petits comme des cigarettes. Ils ne tirent pas. Quand ils prennent un peu, la fumée est pointue comme une épingle. Ça secoue de tousser et d'éternuer à rendre bêtes.

— Le meilleur, c'est de le chiquer.

Le chat s'habitue.

— Ce qu'il faudrait faire, dit Chevalier, tu vois, ça serait d'aller à l'affût du cochon ; tous les soirs il est là, près de ce fayard. Et puis on le tue, et puis on le cuit, là sur l'alcool solide.

— Non, moi je l'ai vu, il mange du mort toute la journée.

— Ne t'inquiète, dit Barnous, qu'on a guère eu le temps, et puis qu'on n'y pensait pas, ni elle ni moi. Au beau tournant de la route, ça avait crevé une voiture du train. Le cheval et l'homme mélangés ; ça fumait encore. Quand je sautais un peu trop, elle criait : « Monsieur, monsieur ! » On aurait dit qu'ils nous voyaient ; on n'a pas eu le répit d'un sou jusqu'à Steinworde. En parlant de ça, on dit que c'est plein de chasseurs du côté de Dunkerque.

Chevalier revient de sa patrouille dans les champs, blême et tout remué. Il boit au bidon d'eau-de-vie, mais malgré ça il va vomir dehors.

— De l'autre côté de la haie, il dit : sur le chemin de terre il y a un petit bébé tout mort. Il pouvait avoir dans les deux ans, le cochon y a mangé le ventre.

Le vent de la mer a disloqué les nuages. Un avion vole de l'un à l'autre. Il a les croix noires. Un fourgon vide saute dans les trous sur la route de la crête : le conducteur, debout sur le siège, fouette à tour de bras les chevaux au galop.

Les obus cherchent à l'aveuglette cette grande ferme des houblonnières. Ils sont là tout autour dans les champs comme de gros crapauds ; la terre fume. Un obus laboure le carré de fèves et éclate dans la porte de l'églisette. Des Français bardés de bidons et de boules de pain passent en courant contre les abris et descendent dans les fayards, vers la route de Messine. Un Anglais à cheval file, ventre à terre, à travers les herbes. Une fumée le cache, on ne le voit plus. On entend hennir le cheval. La tempête des canons s'enrage. La poussière de terre et de fer dépasse le bord du vallon et monte. Le Kemmel n'est plus, là-haut dans le ciel, qu'un petit croissant de terre séparé du monde comme la lune. La batterie anglaise ouvre la gueule dans la haie de saules. Tous les arbres sont dans les flammes. Les perches de la houblonnière craquent comme les mâts d'un navire. Des tas de houblons sautent. Un morceau de marais, poilu de tous ses osiers, s'envole et va s'écraser contre l'étable à porcs. La mare bouillonne, travaillée par une griffe d'acier et, d'un seul coup, l'eau s'enfonce dans un trou de la profonde terre avec le gargouillement d'une bouche qui boit.

La porte claque : le lieutenant.

— Les masques. Aux masques, équipez-vous. Restez là. Attention, et dur !

Il s'en va.

— Ça y est, dit Barnous ; cette fois…

Un grand coup fait craquer la tôle ; la terre a un balancement de droite et de gauche ; la lampe s'éteint.

Barnous entre comme un fou. Derrière lui on a vu l'aube. Il s'appuie contre la porte, la main à la poitrine. Il relève son masque.

— Le colon en bombe ! les batteries en bombe ! Le trou d'Anglais en bombe ! La route ? Plus de route. L'église, la ferme du chat, les avoines, les fèves, le ravin : plus rien. C'est plus un pays, ça, là dehors.

Il fait avec les bras le geste de tout qui fuse en l'air. Il rabat son masque ; il s'assoit. Il est redevenu impassible sous ce visage de cochon, mais derrière les lunettes de mica ses yeux battent, noirs et blancs.

— Écoutez !

La tempête a l'air de rouler plus loin, mais des balles sifflent, une mitrailleuse crache par quintes, puis tout du long, puis elle se tait.

On arrache les masques. On ne dit rien. On se regarde. Barnous, lentement, va à la porte et l'ouvre. Il se tourne. Il bat de la bouche, il aspire un coup d'air.

— Les boches, il dit, les boches, là, là. Ils font signe de venir.

— Où les boches ?

— On est en réserve.

— L'attaque !

— Non mais…

— Ta musette.

— Nicolas, les couvertures, les bidons !

Chevalier déchire des lettres et marche sans savoir. Il cherche. On le pousse.

— Lève-toi.

— Dehors, dehors !

Daniel met la main sur l'épaule d'Olivier.

— Mon vieux, prisonnier !

Une grosse larme est dans l'œil d'Olivier. Il est là, les bras ballants, tout abandonné, vide.

— Madeleine, il dit.

— Allons, viens, viens, Chevalier.

Ils ne sont plus que tous les trois.

— Oui, mais, dit Chevalier, et ma musette ? Et mon fromage ? Moi, si on va là-bas…

Dehors, la fumée, le brouillard, le jour à peine,

et juste un rond de terre bouleversée là devant, mais personne. Ni ceux qui viennent de sortir, ni personne.

— Où ils sont ? dit Chevalier.

Les obus passent haut. À dix mètres là devant il y a l'abri du lieutenant et des autres. La porte est ouverte. Pas de bruit.

— Ton briquet !

Non, c'est vide ; sur la table, une bouteille de rhum à moitié pleine.

— Le ceinturon !

Le ceinturon du lieutenant ; son porte-carte avec la carte de secteur, c'est là par terre ; il n'y a pas de cadavre.

— Ils ont tout ramassé, on nous a laissés…

— Sortons.

— On lève les bras ?

— Oui.

— On recevra pas trop d'obus français, nos canons sont tous en l'air.

— Mais, la tranchée.

On va voir, elle est vide. Des cadavres encore chauds. Un grand Allemand roux, la tête renversée en arrière, dégorge du sang épais par la bouche et par le nez.

Les petits obus de devant les attaques volent de souffle court. Les trois redescendent vers l'abri.

— Non, n'entrez pas, dit Olivier, venez.

Derrière, le Kemmel fume.

— Alors, ils l'ont pris.

— Ils ont tout pris.

— Alors, ça y est, cette fois.

— Ah ! Cette fois !…

Il n'y a plus personne : plus de Français, plus d'Anglais, ils sont encore eux trois ; au fond du ravin des hommes gris courent dans les herbes. Le village brûle, un cheval fou trotte sur la route en s'empêtrant dans ses boyaux.

— Chevalier !

Chevalier, les yeux chavirés, s'est affaissé à plein dos sur le talus.

— Où ? Où ? demande Daniel. Il lui tâte la poitrine.

— Non, non, dit Chevalier, non.

— L'alcool de menthe.

Chevalier boit à la bouteille.

— En avant !

— Ça va mieux !

— Ne me laissez pas.

Olivier et Daniel prennent Chevalier sous les bras. Ils courent tous les trois le long de la crête.

— Là, maintenant ça va, lâchez-moi.

Ils sont couchés derrière la haie.

— Voilà, dit Daniel, voilà. Les boches sont venus, les boches viennent, il n'y a plus personne, vous avez vu ? Ou morts, ou prisonniers, ou là, mélangés dans la terre. Alors, voilà, on tourne près du village, on file droit par là-bas, par là-bas, c'est la route : Steinworde, Voestcapel, et puis on verra. Sauvons-nous, tout a lâché. Cette fois, c'est le grand trou. Le mortier ne tient plus.

— Ça va, et, on ne laisse personne. Si un des trois est blessé, on l'attend.

— Oui, et on le porte.

— Ça va.

— Et toi, Olivier ?

— Oui.

— Alors, en avant !

Le tir de barrage est là devant comme une herbe de feu. Ils descendent vers le village, ils font le tour des houblonnières. La fumée de l'incendie est à ras de terre. Le tir de barrage s'allonge.

— Ils viennent.

Un soldat français déséquipé, capote ballante, sans casque, sort en courant de la fumée. Un torrent de petites braises crépite, emporté par l'air épais. Il essaie de traverser. Il cache sa tête dans ses bras et il saute dans la flamme. Les trois courent de trou en trou. Ils se couchent. Ils regardent derrière eux, ils se redressent et ils courent.

— Les boches ! crie Chevalier.

Oui, ils sont là-bas à deux cents mètres. On voit la ligne de tirailleurs. Toute la ligne s'avance en courant dans les herbes, puis se couche.

— Bon, dit Daniel, quand ils sautent, nous sautons, ensemble, nous faisons le bond ensemble. Ils ne tireront pas. Et puis est-ce qu'ils savent ? On est presque pareils, là, dans la fumée.

— Les voilà !

— En avant !

La ligne d'hommes gris avance dans les herbes. Ils ont l'air fatigué. Ils portent le fusil bas à bout de bras. Ils ne courent plus, ils marchent.

Il a fallu traverser le tir de barrage. Daniel, Olivier, Chevalier, ils crient tous les trois pour ne pas se perdre dans le hurlement de toute cette terre en transe.

Le sol s'effondre, et saute sous les pieds comme

les bouillons d'une eau. On est lourd de boue. Chevalier qui court, tête baissée, cogne Daniel en plein ventre. La flamme fuse. La terre bout comme une eau de marmite. Ils se couchent dans de la terre chaude qui bouge encore. Une odeur pointue de soufre et de fer brûlé déchire le fond de leur gorge. Ils respirent à pleine bouche. Olivier voit passer dans le feu un grand oiseau noir qui bat des ailes. C'est Daniel. Puis, ils courent dans l'herbe. Ils ont traversé tout d'un coup, ils s'arrêtent. Ils vont s'appeler ; ce n'est pas la peine, ils sont là tous les trois.

— À la route, dit Daniel, on est sauvé.

La route est là, à cent mètres, pomponnée d'arbres et filant droit d'un bosquet à une ferme. Il pleut tout doucement. Quatre avions à croix noire sortent des nuages. Ils volent comme des hirondelles. Ils viennent presque raser la terre avec leur ventre. Ils tirent à la mitrailleuse.

— Restons là un moment, dit Chevalier. Soufflons.

Ils pompent de l'air à pleins poumons. Ils sont tout ébranlés de ce qu'ils respirent. Olivier se couche sur le dos. Il regarde les nuages ; ils coulent lentement, paisiblement. La paix est là-haut. La paix ! La pluie fine descend en flottant comme une poussière. On la suit depuis loin jusque-là ; elle ondule légère, la terre boit. Sur le haut du trou est restée une plante de fève. Olivier regarde une feuille. La pluie est sur la feuille en gouttelettes, puis les gouttes se réunissent, coulent dans ce petit canal de pétiole, coulent le long de la tige, descendent vers les racines.

— Je me réveille, pense Olivier, je me réveille. Qu'est-ce que j'ai rêvé ? Où est-on ? Qu'est-ce qu'on fait ?

Un terrible éclair écrase la haie.

— Un départ ! On a encore des canons ?

Derrière un mètre d'aubépine il y avait une batterie anglaise. Des roues, des tronçons de tubes, des douilles vides, des obus comme des cocons de chenilles, des chevaux éventrés, le cou tordu, la tête touche le dos ; des hommes, la face contre la terre, les mains crispées, des visages noirs qui mordent le ciel ; une jambe, de la chair en bouillie, de la cervelle d'homme sur une jante de roue ; au milieu de tout ça un canon tiré. Deux artilleurs nus jusqu'à la ceinture. Ils vont lentement, ils prennent l'obus, l'enfournent, claquent le portillon, tirent, puis ils s'abattent à genoux dans les morts. Ils regardent le coin du ciel d'où vient la réponse. Elle éclate, ils se redressent, ils chargent, ils tirent. Ils marchent sur le cadavre de l'officier.

Daniel est allé leur dire que les boches sont là, à trois cents mètres à peine. Pour leur faire comprendre il a mouillé son doigt, il a écrit trois cents sur la culasse du canon.

Ils arrivent à la route. Là-bas le canon saute. Les deux Anglais courent vers les soldats français.

— Ça c'est des hommes, dit Chevalier, tu as vu ?

— Pas sur la route, à travers champs.

La route est comme un ruisseau mort. Elle est sous la pourriture de voitures crevées, de chevaux et d'hommes. Des canons dans les fossés, des mitrailleuses, des fusils. Des fusants éclatent sous les nuages. Des tôles éventrées, des tonneaux de bière, des caisses de galettes, des pains de sucre, des paquets de cigarettes dans la boue.

Olivier s'arrête brusquement.

— Et Chevalier ?

Il n'est plus là. Les Anglais courent là-bas, entrent dans un bosquet. On ne les voit plus.

— L'obus, tout à l'heure.

Ils retournent en arrière. Chevalier est allongé, la tête dans un trou d'eau. Ils le relèvent. Sa cervelle fait un champignon blanc dans ses cheveux.

— Daniel, je n'y peux plus tenir. Toutes ces fermes-là.

Olivier montre la plaine et là-dessus des fermes comme des îles avec trois ou quatre arbres – et le grand reflet moiré des foins tout autour – ça doit être plein de bêtes, qui sait. J'ai réfléchi à ça. Tu vois : personne. On n'est plus que tous les deux. Si les obus mettent le feu, tout brûlera. Allons voir, donnons la liberté, ouvrons les portes. Et de celle-là, une jument et son poulain ont jailli en deux grands bonds. Elles ne sont pas allées loin, elles sont revenues près des hommes, à petits pas, et maintenant elles marchent avec eux.

Sous les arbres, c'était une petite ferme de rien. Elle était pleine de poules et de lapins. À force ils avaient, en poussant tous ensemble, défoncé la porte du poulailler. Ils étaient dans la cuisine. Les poules volent ; les lapins déclenchent de grands coups de pattes de derrière. Le poulain poursuit les poules et les frappe avec la tête. La jument rit à pleines dents et écarte des quatre fers quand les lapins lui passent dans les jambes.

Un bouquet de fusants déchire les nuages.

Olivier saute au cou du poulain et le couche par terre. La jument se cabre et hurle vers le ciel en dansant sur ses pattes de derrière.

Le chaume brûle à cette ferme ; la fumée sort des fenêtres. Olivier s'acharne contre la porte de l'étable. Elle est barrée en dedans.

— Daniel !

Daniel court dans le champ avec un levier d'artillerie sur l'épaule.

Ils essaient de soulever le vantail. De grands corps sont là derrière qui poussent la porte aussi. Les gonds s'arrachent, une brique lourde de plâtre enfonce le casque d'Olivier jusqu'aux oreilles. Il déboîte sa tête de là-dedans en tirant à pleines mains. Tout un pan de mur tombe. Des vaches sautent par le trou, une roule à terre dans une esclaffade de boue.

— Pouline ! Pouline ! crie Olivier.

La jument danse l'amble contre un bruit de l'air. Un gros obus renverse les arbres. La bête tremble. À petits pas elle vient mettre sa tête contre le ventre de Daniel.

C'est tout un troupeau de bêtes qui court maintenant avec les deux hommes. Les vaches, les poules, des cochons, un large cheval de charrue, la pouline, le petit poulain, de grosses oies qui tanguent, des dindons, des pintades qui filent comme des flèches à ras de terre et, de temps en temps, leur vol gris se soulève, et saute, et retombe comme un drap que le vent roule ; des moutons, des chèvres. Olivier court devant les bêtes ; la jument danse à côté de lui. Daniel est au milieu des bêtes avec des bêtes jusqu'à la hauteur du genou. Elles lui passent dans les jambes, il tombe. Il crie :

— Olivier !

Olivier s'arrête, calme la jument en étendant la main.

Tout d'un coup, on est devant un village ; embrassé par les maisons. Elles sont sorties des arbres brusquement, toutes alignées. Olivier regarde le clocher et ce drapeau de zinc à la façade de l'hôtel de ville. Le peuplier est près de la fontaine. Les cheveux d'une femme morte pliée sur la margelle flottent, déroulés dans l'eau du bassin.

— Remingelot.

Les fusants éclatent au-dessus du village.

Sur le trottoir, la chemise de femme et le sang. Une de ces filles de l'autre soir est étendue raide dans le ruisseau, les jambes relevées. Une grosse mouche verte mange l'œil ouvert.

Le curé traverse la rue en portant une pendule. Un gendarme sort de l'épicerie avec une brassée de paquets de cigarettes.

— Militaires, militaires ! il crie.

Il lâche les cigarettes. Il étend les bras pour barrer la route. Un cochon lui passe entre les jambes. Il tombe à plat ventre dans la boue ; la jument le saute d'un beau saut précis comme une courbe d'eau. De l'autre côté du village ils voient tout d'un coup toute la fourmilière des fuyards. Elle grouille sur le large des champs, elle coule sur la route et le long de la route. Un canon anglais passe au grand galop ; les chevaux fouettés à tour de bras par des artilleurs français. Un troupeau de femmes et d'enfants suinte goutte à goutte à travers un bosquet de saules et moutonne en sautant le fossé. Un colonel sans capote et nu-tête fait ses grands pas sur la route. Dans sa main gauche il tient une boîte de sardines ouverte. Il trempe le pain dans l'huile et il le pompe à pleine bouche. Il a des morceaux de poisson dans les moustaches. Un officier anglais bourre sa pipe, s'abrite derrière un arbre, frotte des allumettes qui ne prennent pas. Il jette la boîte, il jure, il s'en va. Il tète sa pipe froide. Il s'approche des soldats français.

— Briquette ?

Ils se fouillent, battent l'étincelle avec le champ de la main. Il se penche sur eux, allume et il part en faisant flotter la fumée.

Des franges de feu mangent le jour de trois côtés.

Daniel touche l'épaule d'Olivier. Il lui fait signe. Ils quittent la foule, à l'abri d'un arbre. Il lui a dit :

— Écoute : tu as vu le gendarme, là-bas ? Si on reste là on va nous remettre en plein dans la marmelade, viens.

Ils sont partis à travers un pré. La jument les a vus. Elle a fait un temps de galop pour les joindre. Elle a perdu son poulain. Elle disperse sa plainte en secouant la tête.

— Tu as l'heure ?

— Onze heures.

— Ça fait six heures qu'on marche. On est parti de là-haut à cinq heures du matin.

— Tout craque, tout s'en va, c'est la fin de tout.

Olivier a un petit sourire blême au coin de la lèvre.

— Tant pis, que ça finisse d'une façon ou de l'autre ? Je voudrais que ça ait tout craqué partout comme ici, que tout soit en troupeau comme nous et puis, basta, la pause, je veux de l'air !

Ils ont marché, ils portent maintenant le poids de midi. Les fusants n'éclatent plus que loin là-bas.

Derrière le bouquet d'arbres, une belle voix calme commande :

— Vers la gauche en ligne, prenez vos distances, en tirailleurs à deux pas.

Des chasseurs alpins, propres, roses, frais, tout neufs, se déploient dans un bruissement de fer et sortent du couvert. Ils ont la baïonnette au canon, sans sac, des grappes de grenades pendues à la ceinture ; ils marchent, allègres, en levant haut les jambes dans l'herbe mouillée.

— Vers la gauche en ligne…

Une autre écume de soldats roule dans les champs.

— En tirailleurs…

Des fantassins bleus débordent des bosquets. Un roulement sourd ébranle le sol. Sur cent mètres de large une grande batterie anglaise s'avance au galop. Tout est neuf : hommes, canons, chevaux dont le poil étrillé luit comme de l'huile.

111

Des lanciers à turbans et à écharpes flottantes galopent dans un claquement d'étoffe, blancs de mousseline comme des cotons de clématite emportés par le vent.

— Vers la gauche en ligne !

Le bosquet vomit des colonnes massives de chasseurs alpins. En arrivant dans le champ elles s'ouvrent à la mécanique par la charnière, sur un coup de gueule et, déployées, elles s'avancent en râtelant tout devant elles.

— Vers la gauche, en ligne !

— En tirailleurs, en avant !

— Batterie ! Batterie !

Assis sur un tas de fumier un Écossais joue de la cornemuse.

— Quel régiment ? demande un officier de chasseurs en passant près d'Olivier.

— 140 !

L'officier fait encore deux pas puis revient.

— Beaucoup de morts ?

— Tous. On reste deux.

— Non, nous avons rencontré quelques-uns des vôtres du côté de Voormouth. Les boches sont loin.

— Ils doivent être à Remingelot maintenant.

L'officier court après sa troupe. Il parle à ses soldats en remuant les bras. On entend crier les chasseurs. Des joueurs de fifres marchent à reculons devant un régiment anglais ; ils jouent un air lent et acide le long des peupliers. La musique empoigne les soldats par le milieu du ventre au croisillon du harnais et les tire en avant. Ils vont, pesants comme des bœufs, la tête basse en se regardant les genoux. Quand ils sont bien lancés dans leur vitesse les joueurs de fifres s'esquivent, laissent passer la troupe et suivent par-derrière.

Un tambour roule, régulier comme le flux d'une eau ; un brasier de clairons crépite derrière les murs d'une ferme, des coups de cornet belge arrachent d'un champ labouré un peloton à longues capotes ; des trompettes de cavalerie passent à toute vitesse de l'autre côté des arbres ; les chevaux hennissent. La jument folle et libre galope toute nue derrière les dragons. Un peloton de hussards coule comme un orage le long de la route.

Un grand éventail de batteries de canons en plein galop se déploie à perte de vue, embarrassé d'arbres et de fermes jusqu'au fin fond de la plaine.

L'infanterie anglaise monte, épaisse comme un ruisseau de boue et le troupeau bleu des soldats français submerge le mont des Cats, inonde toute la plaine, palpite, luit, bondit et sur l'horizon déferle lentement contre le front en grondant à coups sourds comme la mer.

— Dormir !

— ...

— Dormir là, derrière les chasseurs, derrière tout ça, plus besoin de courir. Dormir !

— Viens jusque là-bas, on entend du bruit.

C'est un estaminet au bord de la route. Au son d'un piano mécanique, un soldat belge danse avec une grosse fille rouge et qui ruisselle de sueur comme une fontaine. D'autres soldats assis par terre battent la cadence en claquant des mains.

Olivier boit à un seau de bière.

— Bataille du Kemmel, bataille du Kemmel ! crient les Belges tous ensemble en prenant Daniel aux épaules.

— Mangez !

Olivier roule une omelette froide dans ses doigts, il mord à grandes bouchées ; en deux coups il en mange la moitié...

Par-dessus la tête des soldats belges il tend l'autre moitié à Daniel.

La nuit vient. Une trompette enrouée sonne du côté des champs. Les Belges partent.

— Kemmel, ils disent.

Ils montrent de la main ce coin du ciel où les feuillages de la nuit et de la fumée se mélangent. L'estaminet est vide. La grosse fille passe un torchon sur les tables. Elle place les chaises et arrête la manivelle du piano mécanique dans une courroie de cuir. Elle soupire. Elle va à la fenêtre regarder les soldats belges qui partent. La lourde coulée des soldats dans les herbes souffle comme le vent.

Puis, plus rien, dehors c'est la nuit ; dans le lointain les routes chantent sous le plein charroi comme des fleuves.

— Alors, vous... commence la grosse fille en regardant les deux soldats français.

Elle ne dit pas plus ; elle a repoussé en arrière ses cheveux blonds. Un petit vieux sort de la cuisine. Il marche penché en avant ; une épaisse casquette à oreillères lui couvre toute la tête comme un bloc de mousse.

Olivier a fouillé dans sa poche. Il a sorti sa lettre. Il l'a étalée à plat sur le marbre de la table. Dans l'enveloppe il y a encore un billet de dix francs.

— De la gnole à nous deux.

Le vieux passe sa grosse langue violette sur tout l'alentour de ses lèvres. Ses yeux en tête d'épingle noire dansent au fond des sourcils.

— Un ch'ti verre à moi de même, il demande doucement.

— Puis, tu seras saoul, dit la grosse fille du haut de ses épaules.

— Qui sait qui lave, dit le vieux, qui sait qu'a toute la putasserie autour ? Qui c'est ton père, alors quoi ?...

— Donne-lui un verre à lui aussi, dit Olivier, et mets-toi l'homme, sur la chaise.

Les mains du vieux sont comme des racines déterrées, sèches de soleil et mortes.

— Quand il est saoul l'a plus moyen.

— Cette fumelle ! dit le vieux.

Il boit à la goulue, puis il se retient, il recrache une gorgée d'eau-de-vie dans le verre et il attend. La fille, sur ses lourds pieds mous, va dans la cuisine et claque la porte.

Olivier relit sa lettre.

— Celle-là, pardi, y s'en fout de la guerre, dit l'homme. Tant plus ça dure, tant plus ça va ; entre sa carne et sa gnole elle en fait des sous, mais va-t'en voir. Laisse faire qu'y revienne le temps du calme. Le travail d'ici c'est pas une chose très engageante pour la fumelle, laisse faire !...

« Alors, comme ça, voyez-vous…

Il regarde les deux soldats.

— Va chercher la bouteille, dit brusquement Daniel.

Le vieux arrête d'un coup ses yeux, sa pomme d'Adam et sa langue. Il tape de sa main en racine sur la table. Il se dresse et il va à la cuisine.

— C'est pas des choses à faire, dit la grosse fille en revenant.

— Nom di dio, il a raison, cet homme-là, ma vieille. Tu t'occupes de quoi puisque le monsieur il te dit qu'il paye ?

Elle laisse la bouteille, elle retourne s'enfermer là-bas au verrou. On l'entend, elle siffle : une belle biroute.

— Cette putain-là, soupire le vieux, dire, monsieur, que c'était une des plus belles garces d'ici en son jeune an, de l'époque où j'avais ma ferme à plainette de Steinworde, une terre à betteraves grasse comme un bouillon de bœuf. C'est ma fille, ça, monsieur, oui monsieur, j'ai pas honte de le dire. Si vous l'aviez vue ! J'y payais des jupons de Cassel à chaque foire. Elle tiquait déjà sur le falbala, vous auriez pas dit à quinze ans. Elle se les essayait sitôt. Elle se mettait à courir aux herbes du pré, et de-ci et de-là, à dansoter en sifflant des airs. Ses jupes lui retroussaient autour des jambes comme des chiennes blanches qui sautent. Puis a fallu ça !

« Je l'ai vue venir, moi, cette guerre. Je l'entendais depuis déjà des ans, là, dessous terre. Un beau jour, je me souviens, j'ai tapé sur le cul de ma vache : "Toi, ma vieille, j'y ai dit, c'est encore

116

toi qu'as le plus de bonheur." Ça a pourri tant les hommes que les femmes, tandis que la bête...

— On est des bêtes aussi, dit Daniel...

— Voire, dit le vieux, qu'on soit des bêtes.

Il boit son grand verre d'eau-de-vie.

— ... voire, monsieur, et la liberté où vous la trouvez ?

— Souviens-toi, dit Olivier. Regotaz est venu. Il avait un frelon bleu dans sa main.

— Un de ces bleus, demande le vieux, un de ceux-là qui font le bruit de quand on souffle dans le creux d'une branche de sureau ?

— Oui.

— Nom di dio, ça vaut le peine !

Les routes se frottent contre les murs de la maison comme de gros serpents qui veulent changer de peau.

— Voyez-vous, monsieur, tous ces morts là-bas dans la terre, quand ils vont se mettre à pousser le dessous des labours avec leurs dos, tous ensemble, et naviguer dans l'épaisseur de ça avec la charrue !

— Les morts, grand-père, ils feront tout juste de l'herbe. Si tu la regardais de haut, la terre, quand cette guerre sera finie, comme ça, tiens...

Daniel prend son verre, il le soulève de la table, il le fait tourner doucement comme un petit monde, sous le soleil de la lampe.

— ... si tu pouvais la regarder de haut, tu la verrais juste un peu plus verte dans les gros endroits de morts. La fin pour laquelle on est ici dessus c'est ça. Le sort des bêtes et le sort des hommes, pareil ; le rôle, pareil. Tu veux la vérité ? Il faut se laisser utiliser par les arbres, par le soleil, par la pluie, par les grosses choses. Ça sait ce que ça veut, ça a de grandes lois, toujours les mêmes depuis le commencement du temps et c'est ça la vérité, la vérité grand-père. Tu viens sur terre, tu fais des enfants, tu manges, tu bois, tu meurs, tu fais de l'herbe, tu rentres en rond dans la boule, mais si tu veux faire l'homme alors voilà ce que tu inventes.

Les vitres tremblent au ronronnement des canons.

— Souviens-toi, dit Olivier, Regotaz est venu ; il avait son frelon dans la main. Moi, je l'entendais, je le voyais, avec ses ailes pliées, son ventre bleu contre la peau de la main et sa trompe qui suçait la lumière juste dans l'entrebâillement des doigts.

— Oui, oui, fait deux ou trois fois le vieux.

Il va dire quelque chose puis il se verse un verre d'eau-de-vie et il boit. Il a envie de dire quelque chose ; il regarde tout autour dans l'estaminet vide.

— On est toujours aujourd'hui, demande Olivier, ou bien on est déjà demain ?

— Voilà, dit le vieux à voix basse. Venez là contre. Ce que je me suis dit bien souvent. C'est des choses : il faudrait une grosse amitié. Tu prends un fusil, et on se tire gentiment dessus, l'un l'autre, entre Français, je dis, entre Belges, je dis, entre amis, je dis, qu'on puisse choisir de pas trop se faire de mal. Juste pour rire : je suis blessé, je m'en vais. S'en tirer quoi. Il n'y a que ça qui compte, hé ? Et que les gros se débrouillent.

Le vieux a posé sa tête sur le marbre ; il dort ; ses bras pendent dessous la table.

Olivier regarde l'aube qui lave doucement les vitres avec son bouchon d'herbe.

Daniel rentre. Il s'appuie sur un fusil comme sur une grande canne.

— Viens, il dit.

Olivier se dresse.

— Ramasse ta lettre.

— On y voit un peu ? demande Olivier.

— Oui, et puis voilà : tu te mettras dans le grand trou ; tu allumeras ton briquet, tu le serreras avec le pouce contre la paume de la main. Sors ton bras du trou, laisse-moi faire, je tirerai d'assez loin pour qu'on n'y voie rien. Viens, je vais te faire passer, moi, du bon côté du monde. Je sais que j'ai raison. C'est pas pour ça qu'on a été créés. Il montrait de la main le ciel hurlant là-bas sous les obus et le déchirement de la grande chair des nuages. C'est pas pour ça. On a été créés pour manger, pour travailler, pour coucher avec des femmes et pour faire des petits comme les bêtes, comme les bêtes. J'ai raison, viens.

Olivier claque des dents, ses yeux se ferment dans leurs trous meurtris.

— Une naissance, dit Daniel, tu vas encore faire partie de la terre.

COLLECTION FOLIO 2 €

Composition Nord Compo
Impression Novoprint
á Barcelone, le 25 setembre 2018
Dépôt légal: setembre 2018

ISBN 978-2-07-280339-0 / Imprimé en Espagne.